PUCCINI: LA BOHEME

Opera en Cuatro Actos

℘

Traducción al Español y Comentarios
por E.Enrique Prado

℘

La Boheme Libreto
por Giuseppe Giacosa y Luigi Illica

Basado en Una Obra de Henri Murger

Jugum Press

ISBN-13: 978-1-939423-69-6
ISBN-10: 1-939423-69-4

Cubierta de libro: *La Bohème* Acto II diseño de vestuario para "La Rappezzatrice"
(el dispositivo de sujeción de ropa) para que el mundo Premier performance,
Teatro Regio di Torino, 1893
por Adolf Hohenstein (1854–1928)
y foto de estudio de Composer Giacomo Puccini
de Wikimedia Commons – en.wikipedia.org
(en el dominio público en los Estados Unidos y otros países)

Impreso en los Estados Unidos de América
Publicado por Jugum Press
www.jugumpress.com

Edición y diseño:
Annie Pearson, Jugum Press
Consultas y correspondencia:
jugumpress@outlook.com

Índice

Prefacio ❧ La Boheme..................................5

Sinopsis ❧ La Boheme 7

Reparto ❧ La Boheme................................ 11

Acto Primero............................... 13

Acto Segundo............................... 37

Acto Tercero 57

Acto Cuatro 69

Biografía de Giacomo Puccini 83

Acerca de Estas Traducciones................................. 85

Jugum Press y Traducciones de Ópera 86

Prefacio ☙ La Boheme

Después del gran éxito que tuvo su ópera *Manon Lescaut* (Febrero de 1893), Giacomo Puccini inició la búsqueda de un nuevo tema para continuar con su obra, y así encontró "La Lupa" (*La Loba*) un sangriento y vigoroso drama que no lo satisfizo.

Finalmente la novela de Henri Murger llamada "La vie de Boheme" llenó las expectativas de Puccini y urgió a los libretistas Luigi Illica y Giuseppe Giacosa para que escribieran el libreto correspondiente. Después de mucho trabajo y frustraciones fueron completados los cuatro actos de *La Boheme* que ahora conocemos.

Existe la circunstancia de que Leoncavallo escribió una Bohemia basada en la misma novela de Murger y se disgustó mucho con Puccini cuando se enteró de la existencia de *La Bohemia* de éste. *La Bohemia* de Leoncavallo pronto cayó en el olvido en contraste con la de Puccini que constituyó un éxito.

El 1 de Febrero de 1896, la ópera fue estrenada sin gran éxito en el Teatro Regio de Turín, igual suerte corrió cuando se presentó en Roma algunas semanas después, pero cuando se presentó en Palermo dos meses mas tarde, si constituyó un gran éxito y así continuó en todos los teatros de Italia y del mundo.

La atracción de ésta obra, radica en la cualidad que tiene de involucrar a los oyentes en las alegrías y las penas de los personajes de tal suerte que los hace partícipes en la trama de la obra, y además la música que es cálida y sensual envuelve a la audiencia y la transporta al interior de la escena.

Traducción y comentarios por:
E. Enrique Prado Alcalá

Sinopsis ∞ La Boheme

Época: 1830
Lugar: Barrio Latino, Paris

Acto Primero

Rodolfo un poeta y Marcello un pintor se encuentra trabajando en la buhardilla que habitan en la víspera de la Nochebuena. La estufa que los calienta está a punto de apagarse por falta de leña y Rodolfo que está escribiendo una tragedia, decide quemarla en la estufa para mantenerse calientes. Marcello está pintando el cuadro llamado "El Paso por el Mar Rojo." Llega Colline, el filósofo que viene decepcionado porque no pudo empeñar algunos libros. Entonces llegan dos muchachos llevando comida y leña seguidos por Schaunard el músico, quien guarda la provisión y los convence de a ir a cenar al Barrio Latino. Llaman a la puerta, es Benoît el casero que viene a cobrar la renta, entonces le ofrecen vino con lo cual se vuelve muy locuaz y comienza a presumir de sus hazañas amorosas ante lo cual los amigos fingen estar indignados y lo arrojan fuera de la buhardilla sin pagarle la renta.

Marcello, Colline y Schaunard salen rumbo al Café Momus en el Barrio Latino dejando a Rodolfo que tiene que terminar un artículo para el periódico en donde trabaja. En ese momento llaman a la puerta, es Mimì, muy pálida y a punto de desmayarse, Rodolfo la revive dándole un poco de vino y le enciende la vela que se le había apagado. Mimì se retira e inmediatamente regresa a buscar su llave que se le ha caído. Sopla el viento y apaga las velas de ambos, Rodolfo encuentra la llave y la esconde y finge seguir buscándola hasta que le toca la mano a Mimì (che gélida manina). Entonces él le dice quién es y que hace; ella le contesta diciéndole que su nombre es Lucia pero que le dicen Mimì y que vive en la planta alta del edificio y se dedica a confeccionar flores y vive de su venta.

Se escucha a los amigos de Rodolfo llamándolo desde abajo y él les dice que tiene compañía y que le reserven dos lugares en el Café Momus.

Acto Segundo

Ocurre en la plaza del Barrio Latino, precisamente en el Café Momus. En la plaza hay una multitud de muchachos, muchachas, niños, soldados, estudiantes, y vendedores ambulantes. Schaunard está regateando la compra de un corno, Colline compra un abrigo y Marcello observa a las muchachas. Todos incluyendo a Mimì y Rodolfo se dirigen al café Momus. La voz de Parpignol el vendedor de juguetes se escucha aproximándose a la plaza rodeada de un grupo de niños, llegan al café Musetta la ex-amante de Marcello, acompañada del viejo Alcindoro su actual amante.

Musetta finge que le molesta uno de sus zapatos y manda Alcindoro a que se lo arregle un zapatero, circunstancia aprovechada por Marcello quien la abraza y la une asu grupo. El mesero les trae la cuenta y Musetta la envía a la mesa de Alcindoro. Mientras tanto el grupo de bohemios se mezcla con la multitud y abandonan la plaza mientras Alcindoro regresa con los zapatos solo para encontrar que su dama se fue y le dejó dos grandes cuentas para pagar.

Acto III

La escena se sitúa dentro de la Porte d'Enfer una de las garitas de entrada a la Ciudad de Paris; está nevando copiosamente y los barrenderos, panaderos, lecheros y carteros hacen fila para entrar. Entra Mimì, pálida y agitada y pregunta por la posada en donde se encuentra Marcello quien al verla sale y le dice que desde hace un mes vive en ese lugar con Musetta en donde él está pintando los anuncios del lugar y ella imparte clases de canto a los visitantes.

Rodolfo se encuentra dormido adentro de la posada, despierta y sale a hablar con Marcello, ante lo cual Mimì se oculta, pero alcanza a escuchar la conversación entre los dos hombres.

Rodolfo le confiesa a Marcello que quiere abandonar a Mimì quien se encuentra gravemente enferma y él no puede hacer nada para ayudarla. Al escuchar esto Mimì se aproxima y le hace entender la situación y se despide de él y se marcha. Mientras tanto dentro de la posada Musetta y Marcello discuten acaloradamente y deciden separarse.

Acto Cuatro

La escena es en la buhardilla de los bohemios los cuales se encuentran comiendo y luego en son de broma simulan un duelo de esgrima entre ellos.

Súbitamente entra Musetta y les informa que Mimì viene con ella y de que se encuentra en muy malas condiciones de salud. Rodolfo sale y regresa con

Mimì y la acomoda en una cama. Musetta entrega sus aretes a Marcello para que los venda y traigan a un doctor y medicinas. Colline decide empeñar su abrigo para tener dinero y junto con Shaunard salen de la casa.

Los bohemios regresan a la casa encontrando agónica a Mimì quien finalmente fallece ante lo cual Rodolfo corre hacia la cama y se colapsa sobre ella.

FIN

Reparto ❧ La Boheme

MIMÌ — Vendedora de flores, Soprano

RODOLFO — Un poeta, Tenor

MUSETTA — Una dama alegre, Soprano

MARCELLO — Un pintor, Tenor

COLLINE — Un filósofo, Barítono

SCHAUNARD — Un músico, Barítono

BENOÎT — El casero, Barítono

ALCINDORO — Un anciano, Barítono

PARPIGNOL — Vendedor de juguetes, Tenor

GUARDIA DE ADUANA — Bajo

Estudiantes, trabajadoras, ciudadanos, niños, soldados, vendedores ambulantes

Época — 1830

Lugar — Paris, Barrio Latino

Libreto ❧ La Boheme

Acto Primero

Una buhardilla con una amplia ventana desde donde se observan los techos vecinos cubiertos de nieve.
Una mesa, cuatro sillas, una cama un caballete con un cuadro sin terminar,
libros por todos lados manuscritos aqui y allá en completo desorden.
Rodolfo pensativo mira la ventana. Marcello trabaja en su cuadro.
El cruce del Mar Rojo, sus manos rígidas por el intenso frio, trata de calentarlas con su aliento una y otra vez.
Paris – 1830.

MARCELLO

Questo Mar Rosso, mi ammollisce e assidera
come se addosso - mi piovesse in stille.
Per vendicarmi, affogo un Faraon.

Che fai?

1. Este Mar Rojo, me congela
como si el agua cayera sobre mí.
Para vengarme ahogaré al Faraon.
(A Rodolfo)
¿Que estás haciendo?

RODOLFO

Nei cieli bigi guardo fumar dai mille
comignoli Parigi
e penso a quel poltrone
di un vecchio caminetto ingannatore
che vive in ozio come un gran signore.

2. Estoy mirando Paris, con su cielo gris
y el humo de mil chimeneas
y pienso en nuestra vieja
y engañadora estufa que vive
ociosa como un gran señor.

MARCELLO

Le sue rendite oneste
da un pezzo non riceve.

3. Desde hace mucho tiempo
no recibe sus pagos.

RODOLFO

Quelle sciocche foreste
che fan sotto la neve?

4. ¿Y esos estúpidos bosques
que hacen bajo la nieve?

MARCELLO
Rodolfo, io voglio dirti
un mio pensier profondo:
ho un freddo cane.

5.   Rodolfo, quiero decirte
un profundo pensamiento:
tengo un frio atroz.

RODOLFO
Ed io, Marcel, non ti nascondo
che non credo al sudore della fronte.

6.   Y yo, Marcello, no oculto que
no creo en el sudor de la frente.

MARCELLO
Ho diacciate le dita quasi ancora le tenessi
immollate giù in quella gran ghiacciaia
che è il cuore di Musetta...

7.   Tengo mis dedos congelados
como si los tuviera en la hielera
que es el corazón de Musetta...

RODOLFO
L'amore è un caminetto
che sciupa troppo...

8.   El amor es una estufa
que quema mucho...

MARCELLO
...E in fretta!

9.   ...¡Y muy rápido!

RODOLFO
...Dove l'uomo è fascina...

10.   ...Donde el hombre es el combustible...

MARCELLO
...E la donna è l'alare...

11.   ...Y la mujer es la chispa...

RODOLFO
...L'una brucia in un soffio...

12.   ...El se quema en un momento...

MARCELLO
...E l'altro sta a guardare...

13.   ...Y ella solo lo mira...

RODOLFO
Ma intanto qui si gela...

14.   Mientras tanto aqui nos congelamos...

MARCELLO
...E si muore d'inedia!...

15.   ...¡Y nos morimos de hambre!...

RODOLFO
Fuoco ci vuole...

16.   Necesitamos fuego...

MARCELLO
Aspetta... sacrifichiam la sedia!

(Tomando una silla)
17.   ¡Sacrifiquemos la silla!

Rodolfo detiene a Marcello y de pronto grita con alegría.

RODOLFO
Eureka!

18. ¡Eureka!

MARCELLO
Trovasti?

19. ¿Lo encontraste?

RODOLFO
Si, aguzza l'ingegno.
L'idea vampi in fiamma.

20. Si, agudiza tu ingenio.
Que la idea arda en flamas.

MARCELLO
Bruciamo il Mar Rosso?

21. ¿Quemamos el Mar Rojo?

RODOLFO
No. Puzza la tela dipinta.
Il mio dramma,
l'ardente mio dramma ci scaldi.

22. No. La tela quemada huele mal.
Mi drama,
mi ardiente drama nos calentará.

MARCELLO
Vuoi leggerlo forse? Mi geli.

23. ¿Quieres leerlo acaso? Me congelo.

RODOLFO
No, in cener la carta si sfaldi
e l'estro rivoli ai suoi cieli.
Al secol gran danno minaccia...

E Roma in periglio...

24. El papel se torna en ceniza
y el espíritu regresa al cielo.
Una gran pérdida amenaza
a la posteridad...
Roma está en peligro...

MARCELLO
Gran cor!

25. ¡Que gran corazón!

RODOLFO
A te l'atto primo.

26. Por ti, el primer acto.

MARCELLO
Qua.

27. Aquí.

RODOLFO
Straccia!

28. ¡Rómpelo!

MARCELLO
Accendi.

29. Enciéndelo.

(Rodolfo enciende parte del manuscrito y lo lanza al fuego.
Luego ambos toman una silla y se sientan a calentarse.)

RODOLFO y MARCELLO
Che lieto baglior!

30. ¡Bendito calor!

(Se abra la puerta, Colline entra congelado.)

COLLINE
Già dell'Apocalisse appariscono i segni.
In giorno di vigilia non
si accettano pegni!

Una fiammata!

31. Signos del Apocalipsis empiezan a aparecer.
En la víspera de Navidad
no aceptan empeños.
(Sorprendido.)
¡Ah fuego!

RODOLFO
Zitto, si dà il mio dramma.

32. ¡Calla, estoy dando mi drama!

MARCELLO
...al fuoco.

33. ...al fuego.

COLLINE
Lo trovo scintillante.

34. Lo encuentro lleno de fuego.

RODOLFO
Vivo.

35. Brillante.

COLLINE
Ma dura poco.

36. Pero dura poco.

RODOLFO
La brevità, gran pregio.

37. La brevedad, es gran mérito.

COLLINE
Autore, a me la sedia.

38. ¡Autor, dame la silla!

MARCELLO
Presto. Questi intermezzi fan morire d'inedia.

39. Animo. Estos intermedios te hacen morir
de aburrimiento.

RODOLFO
Atto secondo.

40. Acto segundo.

MARCELLO
Non far sussurro.

41. No murmuren.

COLLINE
Pensier profondo!

42. ¡Que pensamiento tan profundo!

MARCELLO
Giusto color!

43. ¡Que colorido!

RODOLFO
In quell'azzurro guizzo languente
sfuma un'ardente scena d'amor.

44. En esa lánguida luz azul
se esfuma una ardiente escena de amor.

COLLINE
Scoppietta un foglio.

45. Esa hoja crepita.

MARCELLO
Là c'eran baci!

46. ¡Eran los besos!

RODOLFO
Tre atti or voglio, d'un colpo udir!

47. ¡Quiero oír los tres actos!

(Arroja el resto del manuscrito al fuego.)

COLLINE
Tal degli audaci l'idea s'integra.

48. Tu idea es audaz e integra.

TODOS
Bello in allegra vampa svanir.

49. Bella muerte en la alegre flama.

MARCELLO
Oh! Dio... già s'abbassa la fiamma.

50. ¡Oh! Dios... se apaga la flama.

COLLINE
Che vano, che fragile dramma!

51. ¡Que vano, y que frágil drama!

MARCELLO
Già scricchiola, increspasi, muore.

52. Ya se enrolla y muere.

COLLINE y MARCELLO
Abbasso, abbasso l'autore.

53. Abajo, abajo el autor.

(Entran dos mozos, uno lleva comida, botellas de vino y cigarrillos; el otro lleva leña para calefacción. Los tres hombres frente al fuego voltean y entre gritos de alegría se alanzan sobre las provisiones.)

RODOLFO
Legna!

54. ¡Leña!

MARCELLO
Sigari!

55. ¡Cigarrillos!

COLLINE
Bordò!

56. ¡Bordeaux!

TODOS
Le dovizie d'una fiera il destin
ci destinò.

57. La riqueza de una feria nos la envía
el destino.

(Salen los mozos. Schaunard entra triunfante arrojando algunas monedas al piso.)

SCHAUNARD
La Banca di Francia
per voi si sbilancia.

58. La banca de Francia
ha quebrado solo por ustedes.

COLLINE
Raccatta, raccatta!

59. ¡Recójanlas, recójanlas!

MARCELLO
Son pezzi di latta!...

60. ¡Son piezas de lata!...

SCHAUNARD
Sei sordo?... Sei lippo?
Quest'uomo chi è?

61. ¿Están sordos?... ¿O ciegos?
¿Quien es éste hombre?

RODOLFO
Luigi Filippo!
M'inchino al mio Re!

62. ¡Luis Felipe!
¡Me inclino ante mi Rey!

TODOS
Sta Luigi Filippo ai nostri piè.

63. Luis Felipe está a nuestros pies.

(Schaunard quiere contar su aventura pero los demás no lo escuchan.
Ellos ponen la comida en la mesa y la leña en la estufa.)

SCHAUNARD
Or vi dirò: quest'oro, o meglio argento,
ha la sua brava storia...

64. Les diré: que éste oro, o mejor,
esta plata tienen una gran historia...

MARCELLO
Riscaldiamo il camino!

65. ¡Encendámos la estufa!

COLLINE
Tanto freddo ha sofferto.

66. Tanto frio ha sufrido.

SCHAUNARD
Un inglese... un signor... lord o milord
che sia, voleva un musicista...

67. Un inglés... un señor lord...
Un milord buscaba un músico...

SCHAUNARD
Io? Volo!

MARCELLO
Via! Prepariamo la tavola!

RODOLFO
L'esca dov'è?

COLLINE
Là.

MARCELLO
Qua.

SCHAUNARD
E mi presento.
M'accetta gli domando...

COLLINE
Arrosto freddo!

MARCELLO
Pasticcio dolce!

SCHAUNARD
A quando le lezioni?...
Mi presento mi accetta.
Gli domando a quando le lezizoni?
Risponde: «Incominciam... Guardare!»
E un pappagallo
m'addita al primo piano, poi soggiunge:
«Voi suonare
finché quello morire!»

RODOLFO
Fulgida folgori la sala splendida.

MARCELLO
Or le candele!

68. ¡Y yo me acerqué a él!

69. ¡Vengan! ¡Preparemos la mesa!

70. ¿Los cerillos, donde están?

71. Allà.

72. Tómalos.

73. Me presento.
Me contrata y le pregunto...

74. ¡Roast beef frio!

75. ¡Repostería dulce!

76. ¿Cuando comienzan las lecciones?...
¡Me presento, me contrata y pregunto
cuando comenzamos las lecciones?
¡El responde: «Comencemos! ¡Mira!»
Señala a un papagayo
en el primer piso.
«¡Entonces agrega Toca hasta
que muera el pájaro!»

77. El comedor luce espléndido.

78. ¡Ahora las velas!

SCHAUNARD
E fu così:
Suonai tre lunghi dì
allora usai l'incanto
di mia presenza bella
Affascinai l'ancella
Gli propinai prezzemolo...

MARCELLO
Mangiar senza tovaglia?

RODOLFO
No. Un'idea.

COLLINE y MARCELLO
Il «Costituzional!»

RODOLFO
Ottima carta...
Si mangia e si divora un'appendice!

SCHAUNARD
Lorito allargò l'ali,
Lorito il becco aprì,
da Socrate morì!

COLLINE
Chi?...

SCHAUNARD
Che il diavolo vi porti tutti quanti!
Ed or che fate?
No, queste cibarie
sono la salmeria pei dì futuri
tenebrosi e oscuri.
Pranzare in casa il dì della vigilia
mentre il Quartier Latino le sue vie
addobba di salsicce e leccornie?
Quando un olezzo di frittelle imbalsama
le vecchie strade?

MARCELLO, RODOLFO, COLLINE
La vigilia di Natal!

79. Y así fue:
Toque por tres largos días
Luego usé mi encanto
y con mi apuesta presencia
fasciné a la mesera.
Envenenamos un poco de perejil...

80. ¿Comer sin mantel?

81. No. Tengo una idea.

82. ¡El «Constitucional!»

83. Excelente papel...
¡Se come y se devora un apéndice!

84. ¡El lorito abre sus alas,
El lorito abre su pico,
Y muere como Sócrates!

85. ¿Quien?...

86. ¡Váyanse todos al diablo!
¿Que están haciendo?
No, estas viandas son
para las provisiones para los obscuros
y tenebrosos días del futuro.
¿Cenar en casa en vísperas
de Navidad cuando el Barrio Latino
llena sus calles con mesas para comer?
¿Cuando el olor de las frituras
embalsama las viejas calles?

87. ¡La Víspera de Navidad!

SCHAUNARD
Là le ragazze cantano contente
ed han per eco ognuna uno studente!
Un pò di religione, o miei signori:
si beva in casa, ma si pranzi fuori.

88. ¡Allí las muchachas cantan alegremente
todos le hacen eco!
Un poco de religión señores:
Se bebe en casa, se come fuera.

(Se sirven vino... tocan la puerta.)

BENOÎT
Si può?

89. ¿Se puede?

MARCELLO
Chi è là?

90. ¿Quien es?

BENOÎT
Benoît!

91. ¡Benoît!

MARCELLO
Il padrone di casa!

92. ¡El dueño de la casa!

SCHAUNARD
Uscio sul muso.

93. Cierra la puerta.

COLLINE
Non c'è nessuno.

94. No hay nadie en casa.

SCHAUNARD
È chiuso.

95. Está cerrado.

BENOÎT
Una parola.

96. Solo una palabra.

SCHAUNARD
Sola!

97. ¡Solo una!

BENOÎT
Affitto!

98. ¡La renta!

MARCELLO
Olà! Date una sedia.

99. ¡Aquí! Denle una silla.

RODOLFO
Presto.

100. Al momento.

BENOÎT
Non occorre. Vorrei...

101. No se molesten. Quisiera...

SCHAUNARD
Segga.

102. Siéntese.

MARCELLO
Vuol bere?

103. ¿Algo para tomar?

BENOÎT
Grazie.

104. Gracias.

RODOLFO y COLLINE
Tocchiamo.

105. Brindemos.

SCHAUNARD
Beva.

106. Beba.

BENOÎT
Questo è l'ultimo trimestre.

(Mostrando un papal a Marcello.)
107. Esto es la cuenta del último trimestre.

MARCELLO
Ne ho piacere.

108. Está muy bien.

BENOÎT
E quindi...

109. Entonces...

SCHAUNARD
Ancora un sorso.

110. Otra gota.

BENOÎT
Grazie.

111. Gracias.

I quattro
Alla sua salute!

112. ¡Brindemos por su salud!

BENOÎT
A lei ne vengo
perché il trimestre scorso
mi promise...

113. Vengo a usted
porque el último trimestre
me prometió...

MARCELLO
Promisi ed or mantengo.

114. Es una promesas que sostengo.
(Señala el dinero sobra la mesa.)

RODOLFO
Che fai?...

(A Marcello)
115. ¿Que haces?

SCHAUNARD
Sei pazzo?

116. ¿Estás loco?

MARCELLO
Ha visto? Or via,
resti un momento in nostra compagnia.
Dica: Quant'anni ha,
caro signor Benoît?

117. ¿Lo ve? Entonces quédese,
un momento en nuestra compañía.
¡Dígame: Cuantos años tiene,
querido señor Benoît?

BENOÎT
Gli anni?... Per carità!

118. ¿Mi edad?... ¡Por caridad!

RODOLFO
Su e giù la nostra età.

119. Mas o menos nuestra edad.

BENOÎT
Di più, molto di più.

120. Mas, mucho mas.

(Le llenan de nuevo el vaso de vino.)

COLLINE
Ha detto su e giù.

121. Ha dicho mas o menos.

MARCELLO
L'altra sera al Mabil...
L'han colto in peccato d'àmore.

122. La otra noche en Mabille...
Lo pillaron haciendo el amor.

BENOÎT
Eh?

123. ¿A mi?

MARCELLO
L'hanno colto in peccato d'amore.
Neghi?

124. Lo pillaron la otra noche en Mabille.
¿Lo niega?

BENOÎT
Un caso.

125. Fue un accidente.

MARCELLO
Bella donna!

126. ¡Hermosa mujer!

BENOÎT
Ah! Molto.

127. ¡Si! Mucho.

SCHAUNARD y RODOLFO
Briccone!

128. ¡Bribón!

COLLINE
Seduttore!
Una quercia!... Un cannone!

129. ¡Seductor!
¡El es un roble!... ¡Un cañón!

RODOLFO
L'uomo ha buon gusto.

130. El hombre tiene buen gusto.

MARCELLO
Il crin ricciuto e fulvo.
Ei gongolava arzillo, pettoruto.

131. Con su pelo rizado y rojizo.
Se pavonea orgulloso y feliz.

BENOÎT
Son vecchio, ma robusto.

132. Soy viejo pero fuerte.

COLLINE, SCHAUNARD, RODOLFO
Ei gongolava arzuto e pettorillo.

133. Se pavonea orgulloso feliz.

MARCELLO
E a lui cedea la femminil virtù.

134. Ante él cede la femenina virtud.

BENOÎT
Timido in gioventù,
ora me ne ripago. È uno svago
qualche donnetta allegra e un pò:
Non dico una balena.
O un mappamondo,
O un Viso tondo da luna piena,
ma magra, proprio magra, no e poi no!
Le donne magre sono grattacapi
e spesso, sopraccapi...
E son piene di doglie,
per esempio... mia moglie...

135. Fui tímido en mi juventud, ahora
lo estoy cobrando. Se sabe, mi pasatiempo.
Cualquier muchachita alegra y un poco.
No digo una ballena.
¡O un globo terráqueo,
O una con cara de luna llena,
pero no flaca, flaca no!
Las mujeres flacas no son agradables,
son latosas...
Siempre llenas de quejas,
por ejemplo... mi mujer...

(Marcello y los otros se levantan fingiendo gran indignación.)

MARCELLO
Quest'uomo ha moglie
e sconce voglie ha nel cor!

136. ¡Este hombre tiene una mujer
y sucios deseos en su corazón!

LOS OTROS
Orror!

137. ¡Que horror!

RODOLFO
E ammorba, e appesta
la nostra onesta magion!

138. ¡El ensucia, y apesta
nuestro respetable hogar!

LOS OTROS
Fuor!

139. ¡Fuera!

MARCELLO
Si abbruci dello zucchero.

140. Encendamos incienso.

COLLINE
Si discacci il reprobo.

141. Saquen de aqui a éste villano.

SCHAUNARD
È la morale offesa che vi scaccia!

142. ¡Nuestra ofendida moral te saca de aqui!

BENOÎT
Io di... Io di...

143. Yo digo.... Yo digo...

RODOLFO, COLLINE
Silenzio!

144. ¡Silencio!

BENOÎT
Miei signori...

145. Señores míos...

TODOS
Silenzio!... Via signore! Via di qua!
...E buona sera a Vostra signoria.
Ah! ah! ah! ah!

146. ¡Silencio!... ¡Salga señor! ¡Largo de aqui!
...Buenas noches a su señora.
¡Ja ja ja!

(Sacan a Benoît a empujones. Marcello cierra la puerta.)

MARCELLO
Ho pagato il trimestre.

147. He pagado el trimestre.

SCHAUNARD
Al Quartiere Latino ci attende Momus.

148. En el Barrio Latino nos espera Momus.

MARCELLO
Viva chi spende!

149. ¡Viva el que paga!

SCHAUNARD
Dividiamo il bottino!

150. ¡Dividamos el botín!

RODOLFO y SCHAUNARD
Dividiam!

151. ¡Dividámoslo!

MARCELLO

Là ci sono beltà scese dal cielo.
Or che sei ricco,
bada alla decenza!
Orso, ravviati il pelo.

152.	Allí están las bellezas.
¡Ahora que eres rico,
debes lucir presentable!
¡Oso córtate el pelo!

COLLINE

Farò la conoscenza
la prima volta d'un barbitonsore.
Guidatemi al ridicolo
oltraggio d'un rasoio.

153.	Haré por primera vez mi
aparición como un barbero.
Guíenme al ridículo ultraje
de una rasurada.

MARCELLO, SCHAUNARD, COLLINE

Andiamo.

154.	Vamos.

RODOLFO

Io resto per terminar l'articolo
di fondo del Castoro.

155.	Yo me quedo para terminar
el artículo de fondo del Castor.

MARCELLO

Fa presto.

156.	Apúrate.

RODOLFO

Cinque minuti.
Conosco il mestiere.

157.	Cinco minutos.
Conozco mi oficio.

COLLINE

Ti aspetterem dabbasso dal portiere.

158.	Te esperaremos abajo.

MARCELLO

Se tardi, udrai che coro!

159.	¡Si te tardas, nos vas a oír!

RODOLFO

Cinque minuti.

160.	Cinco minutos.

SCHAUNARD

Taglia corta la coda al tuo Castoro!

161.	¡Córtale la cola a tu Castor!

(Rodolfo toma una vela y abre la puerta. Los demás salen y bajan las escaleras.)

MARCELLO

Occhio alla scala.
Tienti alla ringhiera.

162.	Vean la escalera.
Sosténganse de los pasamanos.

RODOLFO
Adagio!

163. ¡Cuidado!

COLLINE
È buio pesto.

164. Está muy obscuro.

SCHAUNARD
Maledetto portier!

165. ¡Maldito portero!

COLLINE
Accidenti!

166. ¡Accidente!

RODOLFO
Colline, sei morto?

167. ¿Colline, estás muerto?

COLLINE
Non ancor!

168. ¡Todavía no!

MARCELLO
Vien presto!

169. ¡Ven pronto!

*(Rodolfo cierra la puerta, asienta la vela en la mesa y trata de escribir.
Rompe el papel y arroja la pluma.)*

RODOLFO
Non sono in vena.
Chi è là?

170. No estoy de humor.
¿Quien es?

MIMÌ
Scusi.

171. Disculpe.

RODOLFO
Una donna!

172. ¡Una mujer!

MIMÌ
Di grazia, mi si è spento il lume.

173. Lo siento, se me apagó mi vela.

RODOLFO
Ecco.

174. Aqui.

MIMÌ
Vorrebbe?...

175. ¿Quisiera?...

RODOLFO
S'accomodi un momento.

176. Entre por un momento.

MIMÌ
Non occorre.

177. No es necesario.

RODOLFO
La prego, entri.

178. Se lo ruego, entre.

(Mimì entra y tiene un acceso de tos.)

RODOLFO
Si sente male?

179. ¿Se siente mal?

MIMÌ
No... nulla.

180. No... no es nada.

RODOLFO
Impallidisce!

181. ¡Empalidece!

MIMÌ
Il respir... Quelle scale...

182. Me falta aire... es la escalera...

(Ella se desvanece, dejando caer la llave y el candelabro, él la sienta en una silla.)

RODOLFO
Ed ora come faccio?...

Cosi! Che viso da malata.

Si sente meglio?

183. ¿Y ahora que hago?...
(El trae agua y le salpica la cara.)
¡Asi! Que cara de enferma tiene.
(Mimì se recupera.)
¿Se siente mejor?

MIMÌ
Sì.

184. Si.

RODOLFO
Qui c'è tanto freddo.
Segga vicino al fuoco.

Aspetti... un pò di vino...

185. Aqui hace mucho frio.
Venga cerca del fuego.
(La conduce a sentarse cerca del fuego.)
Espere... un poco de vino...

MIMÌ
Grazie...

186. Gracias...

RODOLFO
A lei.

187. A usted.

MIMÌ
Poco, poco.

188. Solo un poco.

RODOLFO
Così?

189.   ¿Aqui tiene?

MIMÌ
Grazie.

190.   Gracias.

RODOLFO
(Che bella bambina!)

191.   (¡Que bella muchacha!)

MIMÌ
Ora permetta che accenda il lume.
È tutto passato.

192.   Ahora permítame que encienda la vela.
Ya me siento bien.

RODOLFO
Tanta fretta?

193.   ¿Cuanta prisa?

MIMÌ
Sì.

194.   Si.

MIMÌ
Grazie. Buona sera.

195.   Gracias. Buenas noches.

RODOLFO
Buona sera.

196.   Buenas noches.

(Mimì sale y luego reaparece en la puerta.)

MIMÌ
Oh! Sventata!
La chiave della stanza dove l'ho lasciata?

197.   ¡Oh! ¡Que tonta soy!
¿Donde he dejado la llave de mi estancia?

RODOLFO
Non stia sull'uscio...
il lume vacilla al vento.

198.   No se pare en la puerta...
la luz vacila ante el viento.

MIMÌ
Oh Dio! Torni ad accenderlo?

199.   ¡Oh Dios! ¿La enciende otra vez?

(Rodolfo se acerca a ella con su vela, al llegar a la puerta también se apaga. El cuarto queda obscuro.)

RODOLFO
Oh Dio!... Anche il mio s'è spento!

200.   ¡Dios!... ¡Mi vela se apagó!

MIMÌ
E la chiave ove sarà?...

201.   ¿Y la llave donde estará?...

RODOLFO
Buio pesto!

202.   ¡Está muy obscuro!

MIMÌ
Disgraziata!

203.   ¡Pobre de mí!

RODOLFO
Ove sarà?

¿En donde estará?

MIMÌ
Importuna è la vicina...

204.   Su vecina es inoportuna...

RODOLFO
Ma le pare!...

205.   ¡No es asi!...

MIMÌ
Importuna è la vicina...

206.   Su vecina es inoportuna...

RODOLFO
Cosa dice, ma le pare!

207.   ¡Que dice, o es asi!

MIMÌ
Cerchi.

208.   Busque.

RODOLFO
Cerco.

209.   Estoy buscando.

(Ambos buscan en el piso con las manos.)

MIMÌ
Ove sarà?...

210.   ¿En donde estará?...

RODOLFO
Ah!

211.   ¡Ah!

(Encuentra la llave y se la guarda en el bolsillo.)

MIMÌ
L'ha trovata?...

212.   ¿La encontró?...

RODOLFO
No!

213.   ¡No!

MIMÌ
Mi parve...

214.   Yo pensé...

RODOLFO

In verità...

215. Verdaderamente...

MIMÌ

Cerca?

216. ¿A está buscando?

RODOLFO

Cerco.

217. La estoy buscando.

(Guiado por la voz de Mimì, Rodolfo finge buscar la llave entonces encuentra la mano de ella y se la toma.)

MIMÌ   *(Sorprendida)*

Ah!

218. Ah!

(Ambos se levantan mientras Rodolfo aun sostiene la mano de ella.)

RODOLFO

Che gelida manina!   219. ¡Que manita tan gélida!
Se la lasci riscaldar.   Se la deja calentar.
Cercar che giova?   ¿Para que buscamos?
Al buio non si trova.   No lo encontraremos en la obscuridad.
Ma per fortuna è una notte di luna,   Pero por fortuna es una noche de luna
e qui la luna l'abbiamo vicina.   y aquí la luna es nuestra vecina.
Aspetti, signorina,   Espere, señorita,
le dirò con due parole   le diré con dos palabras quien soy.
chi son, che faccio e come vivo. Vuole?   Quien soy y que hago, como vivo...
Chi son? Sono un poeta.   ¿Quiere? ¿Quien soy? Soy un poeta.
Che cosa faccio? Scrivo.   ¿Que cosa hago?
E come vivo? Vivo.   ¿Escribo y como vivo? Vivo.
In povertà mia lieta scialo   En mi feliz pobreza presumo
da gran signore   de gran señor y escribo mis versos
rime ed inni d'amore.   y mis canciones de amor.

Per sogni, per chimere   Por mis sueños y quimeras
e per castelli in aria   y por mis castillos en el aire
l'anima ho milionaria.   tengo un alma millonaria.
Talor dal mio forziere ruban tutti i gioielli   A veces me roban todas mis joyas....
due ladri: gli occhi belli.   Dos ladrones que son
V'entrar con voi pur ora   dos bellos ojos que contigo
ed i miei sogni usati   acaban de entrar y todos mis sueños
e i bei sogni miei   y mis sueños del pasado
tosto son dileguati.   pronto me fueron robados.

31

RODOLFO (*continuato*)
Ma il furto non m'accora,
poiché vi ha preso stanza
la dolce speranza!
Or che mi conoscete,
parlate voi. Chi siete?
Via piaccia dir?

MIMÌ
Sì. Mi chiamano Mimì,
ma il mio nome è Lucia.
La storia mia è breve.
A tela o a seta
ricamo in casa e fuori...
Son tranquilla
e lieta ed è mio svago
far gigli e rose.
Mi piaccion quelle cose
che han sì dolce malia,
che parlano d'amor,
di primavere.
Di sogni e di chimere,
quelle cose che han nome poesia...
Lei m'intende?

RODOLFO
Si.

MIMÌ
Mi chiamano Mimì, il perché non so.
Sola, mi fo il pranzo
da me stessa.
Non vado sempre a messa,
ma prego assai il Signore.
Vivo sola, soletta
una bianca cameretta: là in
guardo sui tetti e in cielo.
¡Ma quando vien lo sgelo
il primo sole è mio!
Il primo bacio dell'aprile è mio!
Germoglia in un vaso una rosa...
Foglia a foglia la spio!

(*continuó*)
Pero el hurto no me altera,
porque el vacío que yo tengo
se ha llenado de esperanza.
Ahora que me conoces,
habla tú. Habla... ¿Quien eres?
¡Me lo quieres decir?

220. Si. Me llaman Mimì,
pero mi nombre es Lucia.
Mi historia es breve.
En seda y satín
yo bordo en casa o fuera...
Soy tranquila
y feliz y es mi pasatiempo
hacer lilas y rosas.
Me gustan las cosas
que tienen dulce magia,
que hablan de amor,
de primavera.
Que hablan de sueños y quimeras,
y que tienen poesía...
¿Me entiende?

221. Si.

222. Me llaman Mimì, el porque.
No lo se como sola
el alimento en mi soledad.
No siempre voy a misa,
pero yo le ruego al Señor.
Vivo sola, solita en un pequeño
cuarto blanco y miro
a los techos y el cielo.
¡Pero cuando la primavera llega
el primer sol es mío!
Florece en un vaso una rosa...
¡Y la aspiro pétalo a pétalo!
¡Y siento el gentil perfume de la flor!

MIMÌ (*continuato*)
Cosi gentile il profumo d'un fiore!
Ma i fior ch'io faccio, ahimè!
Non hanno odore.
Altro di me non le saprei narrare.
Sono la sua vicina che la vien
fuori d'ora a importunare.

SCHAUNARD
Ehi! Rodolfo!

COLLINE
Rodolfo!

MARCELLO
Olà! Non senti?
Lumaca!

COLLINE
Poetucolo!

SCHAUNARD
Accidenti al pigro!

RODOLFO
Scrivo ancor tre righe a volo.

MIMÌ
Chi sono?

RODOLFO
Amici.

SCHAUNARD
Sentirai le tue.

MARCELLO
Che te ne fai lì solo?

RODOLFO
Non sono solo. Siamo in due.
Andate da Momus, tenete il posto,
ci saremo tosto.

(*continuó*)
Pero las flores que yo hago.
Dios mio, las flores que hago
no tienen aroma.
Mas de mi no le puedo narrar.
Soy su vecina que viene fuera
de hora importunar.

223.   ¡Eh! ¡Rodolfo!

224.   ¡Rodolfo!

225.   ¡Hola! ¿No oyes?
¡Pachorrudo!

226.   ¡Poetilla!

227.   ¡Al diablo con ese flojo!

228.   Solo escribiré tres líneas.

229.   ¿Quienes son?

230.   Amigos.

231.   Ya nos oirás.

232.   ¿Que haces ahí solo?

233.   No estoy solo. Somos dos.
Vayan al Momus, consigan una mesa,
ahí estaremos pronto.

MARCELLO, SCHAUNARD, COLLINE
Momus, Momus, Momus,
zitti e discreti andiamocerle via.
Momus, Momus, Momus,
il poeta trovò la poesia.

234. Momus, Momus, Momus,
vamos discretamente callados.
Momus, Momus, Momus,
encontró su poesía.

(Mimì es envuelta por la luz de la luna, Rodolfo la contempla extasiado.)

RODOLFO
O soave fanciulla, o dolce viso
di mite circonfuso alba lunar.
In te, vivo ravviso
il sogno ch'io vorrei sempre sognar!

235. Oh hermosa muchacha, oh dulce
rostro inmerso en el fulgor lunar.
¡En ti veo el sueño
que siempre quise soñar!

MIMÌ
Ah! Tu sol comandi, amor!...

236. ¡Ah! ¡Solo ordéname, amor!...

RODOLFO
Fremon già nell'anima
le dolcezze estreme.

237. Ya siento en tu alma
la dulzura extrema.

MIMÌ
Tu sol comandi, amor!...

238. ¡To solo ordéname, amor!...

RODOLFO
Fremon nell'anima
dolcezza estreme,
nel bacio freme amor!

239. ¡Siento en el alma
la dulzura extrema
en el beso tiembla el amor!

MIMÌ
Oh! come dolci scendono
le sue lusinghe al core...
Tu sol comandi, amore!...

No, per pietà!

240. ¡Con cuanta dulzura ascienden
sus frases a mi corazón...
Tu solo ordéname amor!...
(Rodolfo la besa.)
¡No, por piedad!

RODOLFO
Sei mia!

241. ¡Eres mia!

MIMÌ
V'aspettan gli amici...

242. Tus amigos esperan...

RODOLFO
Già mi mandi via?

243. ¿Ya quieres que me vaya?

MIMÌ
Vorrei dir... ma non oso...

RODOLFO
Di!

MIMÌ
Se venissi con voi?

RODOLFO
Che?... Mimi?
Sarebbe così dolce restar qui.
C'è freddo fuori.

MIMÌ
Vi starò vicina!...

RODOLFO
E al ritorno?

MIMÌ
Curioso!

RODOLFO
Dammi il braccio, mia piccina.

MIMÌ
Obbedisco, signor!

RODOLFO
Che m'ami di...

MIMÌ
Io t'amo!

RODOLFO
Amore!

MIMÌ
Amor!

244. Quisiera decirlo... pero no me atrevo...

245. ¡Dime!

246. ¿Y si fuera contigo?

247. ¿Que?... ¿Mimi?...
Seria muy dulce quedarnos aquí.
Hace frio afuera.

248. ¡Estaré cerca de ti!...

249. ¿Y cuando regresemos?

250. ¡Curioso!

251. Dame el brazo, mi pequeña.

252. ¡Obedezco, señor!

253. Di que me amas...

254. ¡Yo te amo!

255. ¡Amor!

256. ¡Amor!

☙

Acto Segundo

Una plazuela con tiendas de todas clases. En un lado está el Café Momus.
Mimì y Rodolfo caminan entre el gentío.
Colline esta en el puesto de una mujer desaliñada. Schaunard, comprando una pipa y una trompeta.
Marcello es empujado hacia uno y otro lado por la gente. Es la noche víspera de Navidad.

VENDEDORES

Aranci, datteri!
Caldi i marroni!
Ninnoli, croci!
Torroni! Panna montata!
Caramelle! La crostata!
Fringuelli passeri!
Fiori alle belle!

257.   ¡Naranjas, dátiles!
¡Castañas calientes!
¡Cruces! ¡Dulces y caramelos!
¡Flores para las damas!
¡Oh los pasteles! ¡Con crema batida!
¡Dátiles, truchas!
¡Leche de coco! ¡Zanahorias!

EL PUEBLO

Quanta folla! Quanta chiasso!
Stringiti a me corriama
Lisa! Emma!
Date il paso!
Emma quando ti chiamo!
Ancora un altro giro!
Pigliam via Mazzarino
qui mi manca il respiro!
Vedi? Il Caffè è vicino!
Oh! Stupendi gioielli!
Son gli occhi assai piu belli!
Pericolosi esempi la folla oggi ci dà.
Era meglio ai miei tempi!
Viva la libertà!

258.   ¡Cuanta gente! ¡Cuanto ruido!
¡Agárrate a mí y corramos!
¡Lisa! Ema!
¡Abran paso!
¡Ema te estoy llamando!
¡Ahora demos vuelta!
¡Tomemos la calle Mazzarino
me falta la respiración!
¿Ves? ¡Aquí está el Café!
¡Oh! ¡Estupendas joyas!
¡Tus ojos son más hermosos!
Este tumulto es un ejemplo peligroso.
¡Era mejor en mis tiempos!
¡Viva la libertad!

LA MULTITUD

Quanta folla! Su, corriam! Che chiasso!
Stringiti a me. Date il passo.

259.   ¡Vamos aquí camarero!
¡Rápido... corre!

EN EL CAFE
Presto qua! Camerier! Un bicchier!
Corri! Birra! Da ber! Un caffè!

¡Ven aquí! ¡Cerveza! ¡Un vaso!
¡Vainilla! ¡Licor!

VENDEDORES
Latte di cocco! Giubbe! Carote!

¡Entonces! ¡Rápido!

LA MULTITUD
Quanta folla, su, partiam!

¡Tragos! ¡Café! ¡Rápido, aquí!

SCHAUNARD
Falso questo Re!
Pipa e corno quant'è?

260. *(Haciendo escándalo con la trompeta)*
¡Este Re es falso!
¿Cuanto es de la pipa y el corno?

(En el puesto de la mujer desaliñada que está cosiendo un enorme abrigo que él acaba de comprar.)

COLLINE
Un poco usato...

261. Está un poco usado...

RODOLFO
Andiamo.

262. Vamos.

MIMÌ
Andiamo per la cuffietta?

263. ¿Vamos a comprar el gorrito?

COLLINE
Ma è serio e a buon mercato...

264. Es bueno y barato...

RODOLFO
Tienti al mio braccio stretta...

265. Apriétame el brazo...

MIMÌ
A te mi stringo... Andiamo!

266. De ti me sostengo... ¡Vamos!

MARCELLO
Io pur mi sento in vena di gridar:
Chi vuol, donnine allegre,
un pò d'amor!

267. Siento ganas de gritar:
¡Quien quiere alegres muchachitas,
un poco de amor!

VENDEDORES
Datteri, Trote Prugne de Tours!

268. ¡Dátiles, truchas Ciruelas!

MARCELLO
Facciamo insieme a vendere e a comprar!
Io dò ad un soldo il vergine mio cuor!

269. ¡Juguemos a vender y comprar!
¡Por un céntimo vendo mi virginal corazón!

SCHAUNARD
Fra spintoni e testate accorrendo
affretta la folla e si diletta
nel provar gioie matte... insoddisfatte...

VENDEDORES
Ninnoli... Spilette!

COLLINE
Copia rara, anzi unica
La Grammatica Runica.

SCHAUNDARD
Uomo onesto.

MARCELLO
A cena!

SCHAUNDARD y COLLINE
Rodolfo?

(Rodolfo y Mimì regresan.)

MARCELLO
Entrò da una modista.

RODOLFO
Vieni, gli amici aspettano.

VENDEDORES
Panna montata!

MIMÌ
Mi sta bene questa cuffietta rosa?

VENDEDORES
Oh, la crostata! Latte di cocco!
Panna montata!

EN EL CAFE
Camerier! Un bicchier!
Presto, olà!
Ratafià!

RODOLFO
Sei bruna e quel color ti dona.

270. Empujando y corriendo
la plebe acelera su alegría
sintiendo insanos deseos... insatisfechos...

271. Dijes... ¡Broches!

(Mostrando un libro)
272. Copia rara, deveras única
La Gramática Rúnica.

273. Que hombre tan honesto.

274. ¡A cenar!

275. ¿Rodolfo?

276. Entró con la modista.

277. Ven, los amigos esperan.

278. ¡Con crema batida!

279. ¿Me queda bien este bonete rosa?

280. ¡Crema batida! ¡Leche de coco!
¡Pasteles! ¡Crema batida!

281. ¡Camarero! ¡Un vaso!
¡Rápido! ¡Hey aquí!
¡Licor!

282. Eres morena te va bien ese color.

MIMÌ
Bel vezzo di corallo!

RODOLFO
Ho uno zio milionario.
Se fa senno il buon Dio,
voglio comprarti un vezzo assai più bel!

PILLOS ESTUDIANTES Y VAGOS
Ah! Ah! Ah! Ah!

BURGUESES
Facciam coda alla gente!
Ragazze, state attente!
Che chiasso! Quanta folla!
Pigliam via Mazzarino!
Io soffoco, partiamo!
Vedi il Caffè è vicin!
Andiamo là da Momus!

VENDEDORES
La crostata! Panna montata!
Fiori alle belle!
Ninnoli, datteri, caldi i marron!

RODOLFO
Chi guardi?

COLLINE
Odio il profano volgo al par d'Orazio.

MIMÌ
Sei geloso?

RODOLFO
All'uom felice sta il sospetto accanto.

SCHAUNARD
Ed io, quando mi sazio,
vò abbondanza di spazio...

MIMÌ
Sei felice?

283. ¡Hermoso collar de coral!

284. Tengo un tio millonario.
¡Si se marcha al seno de Dios,
quiero comprarte
un collar mucho más bonito!

285. ¡Ja ja ja ja ja!

286. ¡Sigamos a la gente!
¡Muchachas, tengan cuidado!
¡Cuanto ruido! ¡Cuanta chusma!
¡Tomaremos la Calle Mazzarino!
¡Me sofoco... vámonos!
¡Vean el Café está cerca!
¡Vamos allí con Momus!

287. ¡Pasteles! ¡Crema batida!
¡Flores para las damas Chucherías,
dátiles castañas!

288. ¿A quien miras?

289. Odio al vulgo profano al par que Horacio.

290. ¿Estás celoso?

291. El hombre feliz debe sospechar.

292. Cuando yo, me sacio quiero,
mucho espacio a mí alrededor...

293. ¿Eres feliz?

MARCELLO
Vogliamo una cena prelibata.

294. Queremos una cena de primera clase.

RODOLFO
Ah, sì, tanto! E tu?

295. ¡Oh si, mucho! ¿Y tú?

MIMÌ
Sì, tanto!

296. ¡Si, rápido!

(Marcello, Schaunard y Colline se sientan en una mesa del frente.)

MARCELLO, SCHAUNARD, COLLINE
Lesto!

297. ¡Rápido!

VOCES DEL PARPIGNOL
Ecco i giocattoli di Parpignol!

298. ¡Aquí están los juguetes de Parpignol!

RODOLFO
Due posti.

299. Dos lugares.

COLLINE
Finalmente!

300. ¡Finalmente aquí están!

RODOLFO
Eccoci qui Questa è Mimì, gaia fioraia.
Il suo venir completa
la bella compagnia,
perché son io il poeta,
essa la poesia.
Dal mio cervel sbocciano i canti,
dalle sue dita sbocciano i fior;
dall'anime esultanti sboccia l'amor.

301. Esta es Mimì, flor feliz.
Su llegada constituye
la bella compañía,
porque soy poeta y
ella es la poesía.
De mi cerebro surgen los cantos,
de su palabra surge la flor;
y del alma jubilosa surge el amor.

MARCELLO, SCHAUNARD, COLLINE
Ah! Ah! Ah! Ah!

302. ¡Ja ja ja ja ja!

MARCELLO
Dio, che concetti rari!

303. ¡Dios que raros conceptos!

COLLINE
Digna esta intrari.

304. Entradas de esta digna.

SCHAUNARD
Ingrediat si necessit.

305. Ingrediat si necesita.

COLLINE
Io non dò che un.

306.   Solo existe un acceso.

PARPIGNOL
Ecco i giocattoli di Parpignol!

307.   ¡Aquí los juguetes de Parpignol!

COLLINE
Salame!

308.   ¡Salami!

(Parpignol arriba a la plaza empujando un carretón cubierto con listones y flores.)

NIÑOS y NIÑAS
Parpignol, Parpignol, Parpignol!
Ecco Parpignol, Parpignol!
Col carretto tutto fior!
Ecco Parpignol, Parpignol!
Voglio la tromba, il cavallin,
il tambur, tamburel...
Voglio il cannon, voglio il frustin,
...dei soldati il drappel.

309.   ¡Parpignol, Parpignol, Parpignol!
¡Aquí está Parpignol, Parpignol!
¡Con su carreta llena de flores!
¡Aquí esta Parpignol!
Quiero el corno y el caballito,
El tambor, el tamborcillo...
Quiero el cañón y el fuete,
...quiero la tropa de soldados.

SCHAUNARD
Cervo arrosto!

310.   ¡Venado asado!

MARCELLO
Un tacchino!

311.   ¡Un pavo!

SCHAUNARD
Vin del Reno!

312.   ¡Vino del Rhin!

COLLINE
Vin da tavola!

313.   ¡Vino de mesa!

SCHAUNARD
Aragosta senza crosta!

314.   ¡Langosta sin caparazón!

LAS MAMÁS
Ah, razza di furfanti indemoniati,
che ci venite a fare in questo loco?
A casa, a letto! Via, brutti sguaiati,
gli scappellotti vi parranno poco!
A casa, a letto, razza di furfanti, a letto!

315.   ¿Ah, que bola de bribones,
que vienen ha hacer aquí?
¡A casa, a la cama! ¡Vagos!
¡Unas bofetadas van a ganar!
¡A casa, a la cama, vagos!

UN NIÑO
Vò la tromba, il cavallin!...

316.   ¡Quiero la trompeta y el caballito!...

RODOLFO
E tu, Mimì, che vuoi?

317. ¿Y tu, Mimì, que quieres?

MIMÌ
La crema.

318. Quiero helado.

SCHAUNARD
E gran sfarzo.
C'è una dama!

319. Que sea la mejor.
¡Para ella que es una dama!

NIÑOS y NIÑAS
Viva Parpignol, Parpignol!
Il tambur! Tamburel!
Dei soldati il drappel!

320. ¡Viva Parpignol, Parpignol!
¡El tambor! ¡Tamborcillo!
¡Una tropa de soldados!

(Ellos corren siguiendo la carreta de Parpignol.)

MARCELLO
Signorina Mimì, che dono raro
le ha fatto il suo Rodolfo?

321. ¿Señorita Mimì, que raro regalo
le ha dado Rodolfo?

MIMÌ
Una cuffietta a pizzi, tutta rosa, ricamata;
coi miei capelli bruni ben si fonde.
Da tanto tempo tal cuffietta
è cosa desiata!...
Egli ha letto quel che
il core asconde...
Ora colui che legge dentro a un cuore
sa l'amore... ed è lettore.

322. Un bonete tejido con un listón;
que va bien con mi cabello obscuro.
¡Desde hace mucho tiempo
deseaba ese bonete!...
El ha leído en mi corazón
ese escondido deseo...
Aquel que lee dentro de un corazón...
conoce el amor.

SCHAUNARD
Esperto professore...

323. El es un experto profesor en la materia...

COLLINE
...Che ha già diplomi e non
son armi prime le sue rime...

324. ...El tiene un diploma por eso sus rimas
son armas primas...

SCHAUNARD
...Tanto che sembra ver ciò
ch'egli esprime!...

325. ...¡Parece que todo lo
que dice es verdad!...

MARCELLO
O bella età d'inganni e d'utopie!
Si crede, spera,
e tutto bello appare!

RODOLFO
La più divina delle poesie è quella,
amico, che c'insegna amare!

MIMÌ
Amare è dolce ancora più del miele...

MARCELLO
Secondo il palato è miele, o fiele!...

MIMÌ
O Dio!... L'ho offeso!

RODOLFO
È in lutto, o mia Mimì.

SCHAUNARD y COLLINE
Allegri, e un toast!...

MARCELLO
Qua del liquor!...

MIMÌ, RODOLFO y MARCELLO
E via i pensier!
Alti i bicchier! Beviam!

TODOS
Beviam!

MARCELLO
Ch'io beva del tossico!

RODOLFO, SCHAUNARD y COLLINE
Oh Musetta!

MARCELLO
Essa!

326. ¡Oh bella edad de falsas utopías!
¡Se tienen esperanzas
y todo parece hermoso!

327. ¡La poesía mas divina,
amigo, es aquella que te enseña a amar!

328. Amar es dulce, más dulce que la miel...

329. ¡Según el paladar es miel o hiel!...

330. ¡Dios mio!... ¡Lo he ofendido!

331. Está de luto, Mimì.

332. ¡Alegrémonos, un brindis!...

333. ¡Que hay del licor!...

334. ¡Fuera malos pensamientos!
¡Arriba las copas! ¡Brindemos!

335. ¡Brindemos!

336. ¡Tomaré veneno!

337. ¡Oh Musetta!

338. ¡Esa!

LA VENDEDORA
Tò! Lei! Sì! Tò! Lei! Musetta!
Siamo in auge! Che toeletta!

339. ¡Que! ¡Ella! ¡Que! ¡Ella! ¡Musetta!
¡Está en auge! ¡Que vestido!

Musetta se detiene acompañada por el viejo y pomposo Alcindoro. Se sienta en otra mesa.

ALCINDORO
Come un facchino...
correr di qua... di là...
No! No, non ci sta...

340. Corre como loca...
Para acá... para allá...
¡No! Eso no es propio...

MUSETTA
Vien, Lulù! Vien, Lulù!

(Llamando a Alcindoro como si fuera perro)
341. ¡Ven, Lulú! ¡Ven, Lulú!

ALCINDORO
Non ne posso più!

342. ¡No, no puedo más!

MUSETTA
Vien, Lulù!

343. ¡Ven, Lulú!

SCHAUNARD
Quel brutto coso mi par che sudi!

344. ¡Como suda ese viejo tonto!

ALCINDORO
Come! Qui fuori? Qui?

345. ¿Como? ¿Aquí afuera? ¿Aquí?

MUSETTA
Siedi, Lulù!

346. ¡Siéntate, Lulú!

ALCINDORO
Tali nomignoli, prego,
serbateli al tu per tu.

347. Esos apodos por favor,
resérvatelos para cuando estemos solos.

MUSETTA
Non farmi il Barbablù!

348. ¡No te hagas el Barbazul!

COLLINE
È il vizio contegnoso...

349. El es malo e hipócrita...

MARCELLO
Colla casta, Susanna!

350. ¡Con la asta, Susana!

MIMÌ
È pur ben vestita!

351. ¡Que bien viste esa!

RODOLFO
Gli angeli vanno nudi.

352.   Los ángeles andan desnudos.

MIMÌ
La conosci! Chi è?

353.   ¡La conoces! ¿Quien es?

MARCELLO
Domandatelo a me.
Il suo nome è Musetta;
cognome... Tentazione!
Per sua vocazione fa la Rosa dei venti;
gira e muta soventi e d'amanti e d'amore.
E come la civetta è uccello sanguinario;
il suo cibo ordinario è il cuore...
Mangia il cuore!...
Per questo io non ne ho più...

354.   Pregúntamelo a mí.
Su nombre es Musetta;
Su segundo apellido... ¡Tentación!
So ocupación como la Rosa de los Vientos;
gira y cambia de amantes y amores.
Y como la lechuza es un ave rapiña;
su alimento favorito son los corazones...
¡Ella los devora!...
Por eso yo no tengo corazón...

MUSETTA
Marcello mi vide...
Non mi guarda, il vile!
Quel Schaunard che ride!
Mi fan tutti una bile!
Se potessi picchiar,
se potessi graffiar!
Ma non ho sotto mano che questo pellican!
Aspetta! Ehi, Camerier!

355.   Ahí este Marcello... me vió...
¡Pero el cobarde no me mira!
¡Y ese Schaunard riéndose!
¡Todos ellos me hacen pasar bilis!
¡Si pudiera golpearlos,
si pudiera arañarlos!
¡Pero tengo a este viejo pelicano!
¡Esperen! ¡Eh! ¡Camarero!

MARCELLO
Passatemi il ragù.

(Escondiendo su emoción.)
356.   Pásenme el ragú.

MUSETTA
Cameriere!
Questo piatto ha una puzza di rifritto!

357.   ¡Eh, Camarero!
¡Este plato huele muy mal!

(Arroja el plato al piso.)

ALCINDORO
No, Musetta!... Zitta zitta!

358.   ¡No, Musetta!... ¡Quieta!

MUSETTA
Non si volta.

359.   No voltea.

ALCINDORO
Zitta! zitta! zitta! Modi, garbo!

360.   ¡Quieta! ¡Modales! ¡Garbo!

LA BOHEME

MUSETTA
Ah, non si volta!

361. ¡Ah, no voltea!

ALCINDORO
A chi parli?...

362. ¿A quien le hablas?...

COLLINE
Questo pollo è un poema!

363. ¡Este pollo es un poema!

MUSETTA
Ora lo batto, lo batto!

364. ¡Ahora lo golpeo, lo golpeo!

ALCINDORO
Con chi parli?...

365. ¿Con quien hablas?...

MUSETTA
Al cameriere... non seccar!

366. ¡Al camarero... no des lata!

SCHAUNARD
Il vino è prelibato.

367. El vino es excelente.

MUSETTA
Voglio fare il mio piacere...

368. Haré lo que me dé la gana...

ALCINDORO
Parla pia!

369. ¡No hables tan alto!

MUSETTA
...Vò far quel che mi pare!

370. ...¡Haré lo que me dé la gana!

ALCINDORO
Parla pian... parla pian...

371. Habla bajo... habla bajo...

MUSETTA
Non seccar.

372. No des tanta lata.

ESTUDIANTES
Guarda... guarda chi si vede.
Proprio lei Musetta
con quel vechio che balbetta.
Proprio lei Musetta.
Ah ah ah!

373. Mira... mira a quien vemos.
Nada menos que a Musetta
con ese viejo tartamudo.
Nada menos que Musetta.
¡Ja ja ja!

MUSETTA
Che sia geloso di questa mummia?

374. ¿Se encelará con esta momia?

ALCINDORO
La convenienza... il grado... la virtù...

375. ¡El decoro... mi rango mi reputación!

MUSETTA
Vediam se mi resta
tanto poter su lui da farlo cedere!

376. ¡Veamos si aun me queda
poder sobre él para hacerlo ceder!

SCHAUNARD
La commedia è stupenda!

377. ¡La comedia es estupenda!

MUSETTA
Tu non mi guardi!

378. *(Mirando a Marcello)*
¡Tú no me miras!

ALCINDORO
Vedi bene che ordino!...

379. ¡Ve que voy a ordenar!...

SCHAUNARD
La commedia è stupenda!

380. ¡La comedia es estupenda!

COLLINE
Stupenda!

381. ¡Estupenda!

RODOLFO
Sappi per tuo governo
che non darei perdono in sempiterno.

382. *(A Mimì)*
Debes saber que
yo nunca daré perdón.

SCHAUNARD
Essa all'un parla
perché l'altro intenda.

383. Esa habla fuerte para que
el otro la oiga.

MIMÌ
Io t'amo tanto, e son tutta tua!...
Ché mi parli di perdono?

384. *(A Rodolfo)*
¡Te amo tanto y soy toda tuya!...
¿Porque me hablas de perdón?

COLLINE
E l'altro invan crudel...
finge di non capir, ma sugge miel!...

385. *(A Schaunard)*
¡Y el otro cruel...
finge ser sordo, pero lo oye todo!...

MUSETTA
Ma il tuo cuore martella!

386. ¡Pero tu corazón es un martillo!

ALCINDORO
Parla piano.

387. Baja tu voz.

MUSETTA
Ma il tuo core martella!
Quando men vo soletta per la via,
la gente sosta e mira e la bellezza mia
tutta ricerca in me
da capo a piè...

MARCELLO
Legatemi alla seggiola!

ALCINDORO
Quella gente che dirà?

MUSETTA
Ed assaporo allor la bramosia
sottil, che da gli occhi traspira
e dai palesi vezzi intender sa
alle occulte beltà.
Così l'effluvio del desio tutta m'aggira,
felice mi fa... felice mi fa!

ALCINDORO
Quel canto scurrile mi muove la bile!

MUSETTA
E tu che sai, che memori
e ti struggi da me tanto rifuggi?...
So ben: le angoscie tue,
non le vuoi dir, ma ti senti morir!

MIMÌ
Io vedo ben...
che quella poveretta,
tutta invaghita di Marcello,
tutta invaghita ell'è!

ALCINDORO
Quella gente che dirà?

RODOLFO
Marcello un dì l'amò.

SCHAUNARD
Ah, Marcello cederà!

388. ¡Pero tu corazón es un martillo!
Cuando voy solita por la calle,
La gente se detiene y mira la belleza mia
y me examina toda me examina
de cabeza a pie...

389. ¡Atenme a la silla!

390. ¿Esa gente que dirá?

391. Entonces saboreo el deseo
sutil, que de sus ojos traspira
cuando ellos imaginan los encantos
de mi belleza oculta.
¡Asi el fluir del deseo me rodea toda,
y me hace feliz... y me hace feliz!

392. ¡Ese canto indecente me pone furioso!

393. ¿Y tú que sabes que recuerdas y que
sufres por mi como puedes escapar?...
Conozco bien: la angustia tuya,
no te lo diré, pero te siento morir.

394. ¡Puedo ver bien...
que esa pobre muchacha,
está muy enamorada de Marcello,
está muy enamorada ella es!

395. ¿Esa gente que dirá?

396. Marcello una vez la amó.

397. ¡Ah, Marcello cederá!

RODOLFO
La fraschetta l'abbandonò.

398. La coqueta lo abandonó.

COLLINE
Chi sa mai quel che avverrà!

399. ¡Quien sabe que irá a pasar!

RODOLFO
...per poi darsi a miglior vita.

400. ...para poder darse una mejor vida.

SCHAUNARD
Trovan dolce al pari il laccio...
...chi lo tende e chi ci dà.

401. El lazo es dulce para quien...
...lo tiende y para quien lo usa.

COLLINE
Santi numi, in simil briga...
Mai Colline intopperà!

402. Santos dioses, en esos líos...
¡Colline nunca se verá!

MUSETTA
Ah, Marcello smania...
Marcello è vinto!

403. Ah, la locura de Marcello...
¡Marcello está vencido!

ALCINDORO
Parla pian... Zitta, zitta!

404. Hable bajo... ¡Calla calla!

MIMÌ
Quell'infelice mi muove a pietà!

405. ¡Esa infeliz me da lástima!

COLLINE
Essa è bella, io non son cieco.

406. Ella es bella, no estoy ciego.

MIMÌ
T'amo!

(A Rodolfo)
407. ¡Te amo!

SCHAUNARD
Quel bravaccio a momenti cederà!
Stupenda è la commedia!
Marcello cederà!

Se tal vaga persona,
ti trattasse a tu per tu,
la tua scienza brontolona
manderesti a Belzebù!

408. ¡El fanfarrón pronto cederá!
¡La comedia es estupenda!
¡Marcello cederá!
(A Colline)
¡Si tan hermosa criatura,
te hablara de tu a tu,
la mandarías con Belzebú
en forma abrupta!

RODOLFO
Mimì!
È fiacco amor quel che le offese
vendicar non sa!
Non risorge spento amor!

MIMÌ
Quell'infelice mi muove a pietà!
L'amor ingeneroso è tristo amor!
Quell'infelice mi muove a pietà!

COLLINE
...ma piaccionmi assai più
una pipa e un testo greco.
Essa è bella, io non son cieco...

ALCINDORO
Modi, garbo! Zitta, zitta!

MUSETTA
Sò ben le angoscie tue non le vuoi dir.
Ah, ma ti senti morir.

Io voglio fare il mio piacere!
Voglio far quel che mi par,
non seccar, non seccar!

Ah!

ALCINDORO
Che c'è?

MUSETTA
Qual dolore!... Qual bruciore!

ALCINDORO
Dove?

MUSETTA
Al piè!

409. ¡Mimì!
¡El amor es débil!
¡El amor un vez extinto
no revive!

410. ¡Esa infeliz me dá lástima!
¡El amor no generoso es triste!
¡Esa infeliz!

411. ...pero soy mas feliz
Con mi pipa y un texto griego.
Esa es bella, no estoy ciego...

412. ¡Modera tus maneras! ¡Quieta, quieta!

413. Lo sé bien, no te diré tu
pena pero te siento morir.
(A Alcindoro)
¡Quiero hacer lo que me de la gana,
lo que me parezca!
¡No des lata, no des lata!
(Para librarse del viejo finge un dolor.)
¡Ah!

414. ¿Que pasa?

415. ¡Que dolor!... ¡Que dolor!

416. ¿En dónde?

417. ¡En el pie!

MARCELLO
Gioventù mia, tu non sei morta,
né di te morto è il sovvenir!
Se tu battessi a la mia porta,
t'andrebbe il mio core ad aprir!

MUSETTA
Sciogli, slaccia, rompi, straccia!
Te ne imploro...
Laggiù c'è un calzolaio.
Corri presto! Ne vòglio un altro paio.
Ahi, che fitta, maledetta scarpa stretta!
Or la levo... eccola qua!
Corri va, corri, presto va va!

MIMÌ
Io vedo ben,
ell'è invaghita di Marcello!

RODOLFO
Io vedo ben, la commedia è stupenda!

ALCINDORO
Imprudente! Quella gente che dirà?
Ma il mio grado!
Vuoi ch'io comprometta?
Aspetta, Musetta! Vo!

(Corre de prisa.)

SCHAUNARD y COLLINE
La commedia è stupenda!

MUSETTA
Marcello!

MARCELLO
Sirena!

(Se abrazan apasionadamente.)

SCHAUNARD
Siamo all'ultima scena!

(El camarero trae la cuenta.)

418. ¡Juventud mia, tu no estas muerta,
ni está muerto el recuerdo!
¡Si tocas a mi puerta,
mi corazón la abrirá!

419. ¡Suéltalo, desátalo, rómpelo!
Te lo imploro...
Hay un zapatero cerca.
¡Corre rápido! Quiero otro par.
¡Como me lastima este zapato estrecho!
¡Me lo quito... aquí está!
¡Corre ve, rápido vé!

420. ¡Lo veo bien,
ella esta enamorada de Marcello!

421. ¡Lo veo bien, la comedia es estupenda!

422. ¡Imprudente! ¿Esa gente que dirá?
¡Mi reputación!
¿Quieres comprometerme?
¡Espera, Musetta! ¡Ya voy!

423. ¡La comedia es estupenda!

424. ¡Marcello!

425. ¡Sirena!

426. ¡Estamos en la última escena!

TODOS
Il conto?

427. ¡La cuenta!

SCHAUNARD
Così presto?

428. ¿Tan pronto?

COLLINE
Chi l'ha richiesto?

429. ¿Quien la pidió?

SCHAUNARD
Vediam!

430. ¡Veamos!

RODOLFO y COLLINE
Caro!

431. ¡Es muy caro!

COLLINE, SCHAUNARD, RODOLFO
Fuori il danaro!

432. ¡Saquen su dinero!

SCHAUNARD
Colline, Rodolfo e tu Marcel?

433. ¿Colline, Rodolfo y tu Marcel?

MARCELLO
Siamo all'asciutto!

434. ¡Estoy quebrado!

SCHAUNARD
Come?

435. ¿Cómo?

RODOLFO
Ho trenta soldi in tutto!

436. ¡En total tengo treinta céntimos!

(Se escuchan tambores acercándose.)

BURGUESES
La Ritirata!

437. ¡La retreta!

COLLINE, SCHAUNARD, MARCELLO
Come? Non ce n'è più?

438. ¿Cómo? ¿No tienen más?

SCHAUNARD
Ma il mio tesoro ov'è?

439. ¿Pero donde está mi tesoro?

NIÑOS
S'avvicina per di qua?

440. ¿Se acercan por acá?

MUSETTA
Il mio conto date a me!

(Al camarero)
441. ¡Dame la cuenta!

NIÑOS
No, di là!

442.   ¡No, por allá!

ESTUDIANTIES
S'avvicina per di qua?

443.   ¿Se acercan por allá?

NIÑOS
Vien di qua!

444.   ¡Vienen por aqui!

MUSETTA
Bene!

445.   ¡Bien!

BURGUESES y VENDEDORES
Largo! Largo!

446.   ¡Abran paso! ¡Abran paso!

NIÑOS
Voglio veder! Voglio sentir!

447.   ¡Quiero ver! ¡Quiero oír!

MUSETTA
Presto, sommate quello con questo!
Paga il signor che stava qui con me!

448.   ¡Rápido suma las dos cuentas!
¡Paga el señor que estaba aquí conmigo!

MAMÁS
Lisetta, vuoi tacer?
Tonio! La vuoi finir?

449.   ¿Lissetta, quieres callarte?
¡Tonio! ¿Quieres calmarte?

MUCHACHAS
Mamma, voglio veder!
Papà, voglio sentir!

450.   ¡Mamá, quiero ver!
¡Papá, quiero oír!

RODOLFO, MARCELLO, COLLINE
Paga il signor!

451.   ¡Paga el señor!

NIÑOS
Vò veder la Ritirata!

452.   ¡Quiero ver la retreta!

MAMÁS
Vuoi tacer, la vuoi finir?

453.   ¡Quieren callar!

MUCHACHAS
S'avvicinano di qua!

454.   ¡Se acercan por allá!

BURGUESES
S'avvicinano di qua!

455.   ¡Se acercan por allá!

BURGUESES, VENDEDORES
Si!... Di qua!

456. ¡Si!... ¡Por aquí!

MUCHACHAS
Come sarà arrivata la seguiremo al passo!

457. ¡Cuando arribe marcharemos con ella!

MARCELLO, SCHAUNARD, COLLINE
Paga il signor!

458. ¡Paga el señor!

MUSETTA
E dove s'è sedutu
ritrovi il mio saluto!

459. ¡Aquí en donde se sentó
encontrará mi despedida!

(Pone la cuenta sobre la silla.)

BURGUESES
In quel rullio tu senti
la patria maestà!

460. ¡En esos tambores tu oyes
la majestad de la patria!

RODOLFO, COLLINE, SCHAUNARD
E dove s'è sedutu
Ritrovi il mio saluto!

461. ¡Es donde se sentó
que encontrará su despedida!

LA PLEBE
Largo, largo, eccoli qua!

462. ¡Abran paso, aquí viene!

MUCHACHAS
Ohè! Attenti eccoli qua!

463. ¡Hey! ¡Aqui vienen!

MARCELLO
Giunge la Ritirata!

464. ¡Llega la retreta!

LA PLEBE
Lin fila!

465. ¡En línea!

MARCELLO y COLLINE
Che il vecchio non ci veda
fuggir colla sua preda!

466. ¡Que no nos vea el viejo
huir con su presa!

RODOLFO
Giunge la Ritirata!

467. ¡Llega la retreta!

MARCELLO, SCHAUNARD, COLLINE
Quella folla serrata
il nascondiglio appresti!

468. ¡Entre la plebe
encontraremos escondite!

LA PLEBE
Ecco il Tambur Maggior!
Più fier d'un antico guerrier!
Il Tamburo Maggior!

469. ¡He aquí el tambor mayor!
¡De un antiguo guerrero!
¡El tambor mayor!

MIMÌ, MUSETTA, RODOLFO,
COLLINE
Lesti, lesti, lesti!

470.

¡Corramos, corramos!

LA PLEBE
I Zappatori! I Zappatori olà!
Ecco il tambur maggior!
Pare un general!
La Ritirata è qua!
Eccolo là! Il bel tambur maggior!
La canna d'ôr, tutto splendor!
Che guarda, passa, va!

471. ¡Los Zapadores! ¡Los Zapadores!
¡He allí el tambor mayor!
¡Parece un general!
¡La retreta esta aquí!
¡He allí el tambor mayor!
¡La batuta de oro! ¡Que bella!
¡Mira nos vé, pasa, se vá!

RODOLFO, MARCELLO,
SCHAUNARD
Viva Musetta! Cuor birichin!
Gloria ed onor!
Onor e gloria del quartier latin!

472.

¡Viva Musetta! ¡Corazón pícaro!
¡Gloria y honor!
¡Honor y gloria del Barrito Latino!

LA PLEBE
Tutto splendor!
Di Francia è il più bell'uom!
Il bel tambur maggior
Eccolo là! Che guarda, passa; va!

473. ¡Todo esplendor!
¡Son los hombres mas apuestos!
¡El bello tambor mayor!
¡Nos miran, pasan, se van!

Musetta no puede caminar con solo un zapato.
Marcello y Colline la cargan en brazos. Siguen a los soldados y desaparecen.
Alcindoro llega con un nuevo par de zapatos y el camarero le entrega la cuenta.
Cuando ve la cantidad y se da cuenta del engaño cae aturdido en una silla.

&

Acto Tercero

Una garita de cobro, mas allá la carretera. A la izquierda una taberna.
Una plazuela rodeada de arboles desnudos. Algunos oficiales de aduana dormidos alrededor de un brasero.
Gritos y risas salen de la taberna. Es el atardecer. Febrero.
La nieve por todas partes. Algunos barrenderos dejan sus huellas en la nieve.

BARRENDEROS
Ohè, là, le guardie!... Aprite!... Ohè, là!
Quelli di Gentilly... Siam gli spazzini!...
Fiocca la neve... Ohè, là!...
Qui s'agghiaccia!

474. ¡Hey, Guardia!... ¡Abran!
Somos los barrenderos de Gentilly.
¡Cae la nieve!
¡Estamos congelados!

UN OFICIAL
Vengo!

(Bostezando)
475. ¡Ya voy!

VOCES DE LA TABERNA
Chi nel ber trovò il piacer
nel suo bicchier, ah!
D'una bocca nell'ardor, trovò l'amor!

476. Algunos encuentran placer en las copas.
¡Otros en el ardor de una boca
encuentran el amor!

MUSETTA
Ah! Se nel bicchiere sta il piacer,
in giovin bocca sta l'amor!

477. ¡Si en la copa está el placer
En los labios jóvenes estás el amor!

VOCES DE LA TABERNA
Trallerallè! Eva e Noè!

478. ¡Tralaralaralarla! ¡Eva y Noé!

VOCES DEL BOULEVARD
Hopplà! Hopplà!

479. ¡Hoop-la! ¡Hoop-la!

ADUANEROS
Son già le lattivendole!

480. ¡Aqui viene las lecheras!

LAS LECHERAS
Buon giorno!

481. ¡Buenos días!

LAS CAMPESINAS
Burro e cacio!
Polli ed uova!

Voi da che parte andate?
A San Michele!
Ci troverem più tardi?
A mezzodi!

482. ¡Mantequilla y queso!
¡Pollos y huevos!

¿A dónde van ustedes?
¡A San Michele!
¿Nos encontramos mas tarde?
¡Si... al medio día!

(Ellas se van. Llega Mimì, se sostiene de un árbol mientras tiene un acceso de tos.
Al recuperarse le dice al sargento.)

MIMÌ
Sa dirmi, scusi... Qual'è l'osteria
dove un pittor lavora?

483. Disculpe... ¿Cual es La Hostería
en donde trabaja un pintor?

SARGENTO
Eccola.

484. Esa es.

MIMÌ
Grazie.

485. Gracias.

(Una camarera sale de la taberna y Mimì la aborda.)

O buona donna, mi fate il favore
di cercarmi il pittore Marcello?
Ho da parlargli.
Ho tanta fretta.
Ditegli, piano, che Mimì lo aspetta.

¿Buena mujer, me hace el favor
de llamar a Marcello el pintor?
Tengo que hablarle.
Tengo mucho frio.
Dígale, que Mimì lo espera.

SARGENTO
Ehi, quel panier!

486. ¡Hey! ¡Que llevas en la canasta!

ADUANERO
Vuoto!

487. ¡Vacía!

SARGENTO
Passi!

488. ¡Puede pasar!
(Marcello sale de la taberna.)

MARCELLO
Mimì?

489. ¿Mimì?

MIMÌ
Son io. Speravo di trovarti qui.

490. Esperaba encontrarte aquí.

MARCELLO
È ver. Siam qui da un mese
di quell'oste alle spese.
Musetta insegna il canto ai passeggeri.
Io pingo quel guerrier
sulla facciata.
È freddo. Entrate.

491.   Estamos aquí desde hace un mes
por cuenta del hostelero.
Musetta enseña canto a los huéspedes
Yo pinto a esos guerreros
sobre la fachada.
Hace frio. Entra.

MIMÌ
C'è Rodolfo?

492.   ¿Ahí está Rodolfo?

MARCELLO
Sì.

493.   Si.

MIMÌ
Non posso entrar.

494.   No puedo entrar. ¡No, no!

MARCELLO
Perché?

495.   ¿Porque?

MIMÌ
O buon Marcello, aiuto!

496.   ¡Buen Marcello, ayúdame, ayúdame!

MARCELLO
Cos'è avvenuto?

497.   ¿Que ha pasado?

MIMÌ
Rodolfo m'ama. Rodolfo m'ama
mi fugge e si strugge per gelosia.
Un passo, un detto, un vezzo,
un fior lo mettono in sospetto...
Onde corrucci ed ire.
Talor la notte fingo di dormire
e in me lo sento fiso
spiarmi i sogni in viso.
Mi grida ad ogni istante:
Non fai per me, prenditi un altro amante.
Ahi mè! In lui parla il rovello;
lo so, ma che rispondergli, Marcello?

498.   Rodolfo me ama. Rodolfo me ama
pero huye de mí por sus celos.
Una mirada una palabra un gesto,
una flor, lo pone es sospecha...

Algunas noches finjo dormir
y siento su mirada como
si espiara mis seños.
Me grita a cada instante:
Tú no eres para mi, busca otro amante.
En él hablan los celos lo sé.
¿Pero que le respondo Marcello?

MARCELLO
Quando s'è come voi non si vive in
compagnia.

499.   Cuando se es como ustedes dos
no es posible vivir juntos.

MIMÌ

Dite bene. Lasciarci conviene.
Aiutateci voi; noi s'è provato
più volte, ma invano.
Fate voi per il meglio.

MARCELLO

Son lieve a Musetta
ed ella è lieve a me,
perché ci amiamo in allegria...
Canti e risa, ecco il fior
d'invariabile amor!

MIMÌ

Dite bene, dite bene
 Lasciarci conviene
Fate voi per il meglio.

MARCELLO

Sta ben! Ora lo sveglio.

MIMÌ

Dorme?

MARCELLO

E piombato qui un'ora avanti l'alba.
S'assopì sopra una panca. Guardate!

Che tosse!

MIMÌ

Da ieri ho l'ossa rotte.
Fuggì da me stanotte dicendomi:
È finita.
A giorno sono uscita
e me ne venni a questa volta.

MARCELLO

Si desta...
s'alza, mi cerca... viene.

MIMÌ

Ch'ei non mi veda!

500. Dices bien. Conviene separarnos.
Ayúdanos, ayúdanos, Marcello.
Nosotros hemos tratado.
Muchas veces, pero es en vano.

501. Tomo a Musetta a la ligera
y ella me toma igual,
porque si nos amamos con alegría...
¡Los cantos y las risas
son la flor de nuestro amor!

502. Dices bien, dices bien
Dejarnos nos conviene.
Haz lo que puedas por nosotros.

503. ¡Está bien! Lo despertaré.

504. ¿Duerme?

505. Aquí llegó una hora antes del alba.
¡Y se quedó dormido en una banca, Míralo!
(*Mimì tos.*)
¡Que tos!

506. Tengo los huesos rotos desde ayer.
El se fue anoche diciendome:
Todo ha terminado.
En la mañana he salido
para encontrarte aquí.

(*Mirando a Rodolfo por la ventana.*)
507. Está despertando, se levanta...
Me busca... viene.

508. ¡Que no me vea!

MARCELLO

Or rincasate... Mimì... per carità,
non fate scene qua!

509. ¡Vete a casa... Mimì... por caridad,
no hagas escenas aquí!

(Mimì se esconde detrás de un árbol. Rodolfo sale de la taberna.)

RODOLFO

Marcello, finalmente!
Qui niun ci sente.
Io voglio separarmi da Mimì.

510. ¡Marcello, finalmente!
Aquí nadie nos oye.
Quiero separarme de Mimì.

MARCELLO

Sei volubil così?

511. ¿Eres tan voluble?

RODOLFO

Già un'altra volta credetti morto il mio cor,
ma di quegli occhi azzurri allo splendor
esso è risorto.
Ora il tedio l'assale.

512. Ya una vez creí muerto mi corazón,
pero reviví con el brillo
de sus azules ojos.
Ahora llegó el tedio.

MARCELLO

E gli vuoi rinnovare il funerale?

513. ¿Y lo vas a enterrar otra vez?

RODOLFO

Per sempre!

514. ¡Para siempre!

MARCELLO

Cambia metro.
Dei pazzi è l'amor tetro
che lacrime distilla.
Se non ride e sfavilla
l'amore è fiacco e roco.
Tu sei geloso.

515. Cambia tus métodos.
El amor esplendoroso es loco
y solo lágrimas destila.
Si no ríe y resplandece
el amor es débil.
Tú eres celoso.

RODOLFO

Un poco.

516. Un poco.

MARCELLO

Collerico, lunatico, imbevuto
di pregiudizi, noioso, cocciuto!

517. ¡Colérico, lunático, lleno
de prejuicios, terco como mula!

MIMÌ

Or lo fa incollerir!
Me poveretta!

518. ¡Lo va hacer enojar!
¡Pobrecita de mí!

RODOLFO

Mimì è una civetta
che frascheggia con tutti.
Un moscardino di Viscontino
le fa l'occhio di triglia.
Ella sgonnella e scopre la caviglia
con un far promettente e lusinghier.

MARCELLO

Lo devo dir?
Non mi sembri sincer.

RODOLFO

Ebbene no, non lo son.
Invan nascondo
la mia vera tortura.
Amo Mimì sovra ogni cosa al mondo,
io l'amo, ma ho paura,
ma ho paura.

Mimì è tanto malata!
Ogni dì più declina.
La povera piccina
è condannata!

MARCELLO

Mimì?

MIMÌ

Che vuol dire?

RODOLFO

Una terribil tosse l'esil petto le scuote.
E già le smunte gote di sangue ha rosse.

MARCELLO

Povera Mimì!

MIMÌ

Ahimè, morire?

519. Mimì es solo una aventura
que coquetea con todos.
Un terco vizconde
no deja de asediarla.
Ella le enseña el tobillo
con prometedor propósito.

520. ¿Debo decírtelo?
Tú no eres sincero.

521. Está bien, no lo soy.
Trato en vano de ocultar
mi verdadera torture.
Amo a Mimì sobre todas
las cosas del mundo,
la amo pero tengo miedo.

¡Mimì está tan enferma!
Cada dia está peor.
¡La pobre cosita
está condenada!

522. ¿Mimì?

523. ¿Que quiere decir?

524. Una terrible tos sacude su frágil pecho.
Sus pálidas mejillas han perdido su color.

525. ¡Pobre Mimì!

526. ¿Cielos, estoy muriendo?

RODOLFO

La mia stanza è una tana squallida
il fuoco ho spento.
V'entra e l'aggira il vento
di tramontana.
Essa canta e sorride
e il rimorso m'assale.
Me, cagion del fatale
mal che l'uccide!

MARCELLO

Che far dunque?

MIMÌ

O mia vita! Ahimè, è finita!
O mia vita! È finita Ahimè, morir!

RODOLFO

Mimì di serra è fiore.
Povertà l'ha sfiorita;
per richiamarla in vita
non basta amore!

MARCELLO

Poveretta! Povera Mimì!

RODOLFO

Che? Mimì! Tu qui?
M'hai sentito?

MARCELLO

Ella dunque ascoltava?

RODOLFO

Facile alla paura
per nulla io m'arrovello.
Vien là nel tepor!

MIMÌ

No, quel tanfo mi soffoca.

527. Mi cuarto es una cueva
escuálida y sin fuego.
En donde entra y gira
el viento del invierno.
Ella canta y sonríe
y el remordimiento me asalta.
¡Yo soy la causa del mal que
la está matando!

528. ¿Entonces que hay que hacer?

529. ¡Oh! ¡Mi vida! ¡Está terminada!
¡Dios mio morir!

530. Mimì es una flor.
¡La pobreza la ha marchitado;
para traerla de nuevo a la vida,
no basta el amor!

531. ¡Pobrecita! ¡Pobre Mimì!
(Mimì solloza y tose.)

532. ¿Que? ¡Mimì! ¿Tu aqui?
¿Me has oído?

533. ¿Entonces ella escuchaba?

534. Yo fácilmente me asusto
por nada me espanto.
¡Entra, aquí está templado!
(El trata de llevarla adentro.)

535. No tanto calor me sofoca.

RODOLFO
Ah, Mimì!

536. ¡Ah, Mimì!

MARCELLO
È Musetta che ride!
Con chi ride?
Ah, la civetta! Imparerai!

(Se escucha la risa de Musetta.)
537. ¡Es Musetta que ríe!
¿Con quien ríe?
¡Ah, coqueta! ¡Le enseñaré!
(Corre a la taberna.)

MIMÌ
Addio.

538. Adiós.

RODOLFO
Che! Vai?

539. ¡Que! ¿Te vas?

MIMÌ
D'onde lieta uscì al tuo grido d'amore,
torna sola Mimì al solitario nido.
Ritorna un'altra volta
a intesser finti fior.
Addio, senza rancor.
Ascolta, ascolta.
Le poche robe aduna che lasciai sparse.
Nel mio cassetto stan chiusi
quel cerchietto d'or e il libro di preghiere.
Involgi tutto quanto in un grembiale
e manderò il portiere...
Bada, sotto il guanciale c'è la cuffietta rosa.
Se... vuoi... serbarla
a ricordo d'amor!...
Addio, senza rancor.

540. Adonde alegre contigo salí atendiendo
el llamado de tu amor, regresa sola Mimì.
Al solitario nido, Retorna otra ves
ha hacer falsas flores.
Adiós, sin rencor.
Escucha, escucha.
Junta las pocas cosas que dejo.
En mi baúl está el brazalete
de oro y mi libro de oración.
Envuélvelo todo en un mandil
yo mandaré al portero a recogerlo...
Espera, bajo la almohada está el bonete rosa.
¡Si... quieres... consérvalo como
recuerdo de nuestro amor!...
Adiós, sin rencor.

RODOLFO
Dunque è proprio finita?
Te ne vai, te ne vai, la mia piccina?
Addio, sogni d'amor!...

541. ¿Entonces aquí termina todo?
¿Te me vas pequeña mia?
¡Adiós sueño de amor!...

MIMÌ
Addio, dolce svegliare alla mattina!

542. ¡Adiós, dulces despertares por las mañanas!

RODOLFO
Addio, sognante vita...

543. Adiós, vida de sueño...

MIMÌ
Addio, rabbuffi e gelosie!

544. ¡Adiós, dudas y celos!

RODOLFO
... Che un tuo sorriso acqueta!

545. ... ¡Que con tu sonrisa de disiparon!

MIMÌ
Addio, sospetti!...

546. ¡Adiós, desconfiado!...

MARCELLO
Baci.

547. Besos.

MIMÌ
Pungenti amarezze.

548. Patética amargura.

RODOLFO
Ch'io da vero poeta rimavo con carezze.

549. Yo de verdad poeta rimaba con caricias.

MIMÌ y RODOLFO
Soli d'inverno è cosa da morire!

550. ¡Estar solos en inviernos es para morir!

MIMÌ
Soli!

551. ¡Solos!

MIMÌ y RODOLFO
Mentre a primavera
c'è compagno il sol!

552. ¡Mientras llega la primavera
El sol es nuestra compañía!

MIMÌ
C'e compagno il sol.

553. El sol es nuestra compañía.
(Marcello y Musetta salen peleando.)

MARCELLO
Che facevi? Che dicevi?
Presso al fuoco a quel signore?

554. ¿Que hacías? ¿Que decías?
¿Porque tanto fuego con ese señor?

MUSETTA
Che vuoi dir?

555. ¿Que quieres decir?

MIMÌ
Niuno è solo l'april.

556. Nadie está solo en abril.

MARCELLO
Al mio venire hai mutato colore!

557. ¡Cuando entré cambiaste de color!

MUSETTA
Quel signore mi diceva:
Ama il ballo, signorina?

RODOLFO
Si parla coi gigli e le rose.

MIMÌ
Esce dai nidi un cinguettio gentile.

MARCELLO
Vana, frivola, civetta!

MUSETTA
Arrossendo rispondeva:
Ballerei sera e mattina.

MARCELLO
Quel discorso asconde mire disoneste.

MUSETTA
Voglio piena libertà!

MARCELLO
Io t'acconcio per le feste.

MIMÌ y RODOLFO
Al fiorir di primavera
c'è compagno il sol!

MUSETTA
Ché mi gridi? Ché mi canti?
All'altar non siamo uniti.

MARCELLO
Se ti colgo a incivettire!
Bada, sotto il mio cappello
non ci stan certi ornamenti...

MUSETTA
Io detesto quegli amanti
che la fanno da mariti...

558. ¿Ese señor me preguntaba:
Le gusta el baile señorita?

559. Uno puede hablar con lilas y rosas.

560. Sale de los nidos un canto bonito.

561. ¡Vana, frívola, coqueta!

562. Me sonrojé y respondí:
Podría bailar noche y dia.

563. Ese discurso esconde metas deshonestas.

564. ¡Quiero libertad plena!

565. Te enseñaré un par de cosas.

566. ¡Al llegar la primavera
el sol es nuestra compañía!

567. ¿Que me gritas? ¿Que me dices?
No estamos casados.

568. ¡Si te sorprendo coqueteando!
No olvides que
no me gustan los cuernos...

569. Detesto a esos amantes
que la hacen de maridos...

MIMÌ y RODOLFO
Chiacchieran le fontane
la brezza della sera.
Balsami stende sulle doglie umane.

MARCELLO
Io non faccio da zimbello
ai novizi intraprendenti.
Vana, frivola, civetta!
Ve n'andate? Vi ringrazio:
or son ricco divenuto.

MUSETTA
Fo all'amor con chi mi piace.
Non ti garba?
Ebbene, pace!
ma Musetta se ne va.

MARCELLO
Vi saluto!

MIMÌ y RODOLFO
Vuoi che spettiam
la primavera ancor?

MUSETTA
Signor: addio!
Vi dico con piacer!

MARCELLO
Son servo e me ne vo!

MUSETTA
Pittore da bottega!

MARCELLO
Vipera!

MUSETTA
Rospo!

MARCELLO
Strega!

570. Murmurarán las fuentes
la brisa de la noche.
Es bálsamo para los humanos.

571. ¡No soy hazmereir
de nadie vana,
frívola, coqueta!
¿Quieres irte? ¡Gracias!
Entonces seré un hombre rico.

572. Hago el amor con quien me place.
¿No te gusta?
¡Hago el amor con quien quiera!
Musetta se va.

573. ¡Adiós!

574. ¿Quieres que esperemos
la primavera de nuevo?

575. ¡Adiós, señor!
¡Te lo digo con gusto!

576. ¡Para servirte, me voy!

(Mientras se retira.)
577. ¡Pintor de bodegas!

578. ¡Víbora!

579. ¡Sapo!

(Entrando a la taberna.)
580. ¡Bruja!

MIMÌ
Sempre tua per la vita...

581.   Toda mi vida seré tuya...

MIMÌ y RODOLFO
Ci lascerem alla stagion dei fior!

582.   ¡Nos dejaremos en la estación de las flores!

MIMÌ
Vorrei che eterno durasse il verno!

583.   ¡Quisiera que el invierno fuera eterno!

MIMÌ y RODOLFO
Ci lasceremo alla stagion dei fior...

584.   Nos dejaremos en la estación de las flores...

℘

Acto Cuatro

En la buhardilla. Marcello de nuevo en el caballete.
Rodolfo en la mesa. En lugar de trabajar, platican.

MARCELLO
In un coupé?

585. ¿En un carruaje?

RODOLFO
Con pariglia e livree.
Mi salutò ridendo.
Tò, Musetta! Le dissi: e il cuor?
«Non batte o non lo sento
grazie al velluto che il copre».

586. Con sirviente de librea.
Me saludó riendo.
¿Y le dije Musetta y tu corazón?
«No late o no lo siento gracias
al terciopelo que lo cubre».

MARCELLO
Ci ho gusto davver!

587. ¡Me de mucho gusto!

RODOLFO
Loiola, va! Ti rodi e ridi!

588. ¡Mentiroso, ríes pero por dentro sufres!

MARCELLO
Non batte? Bene! Io pur vidi...

589. ¿No late? ¡Bueno! Yo también vi...

RODOLFO
Musetta?

590. ¿A Musetta?

MARCELLO
Mimì.

591. A Mimì.

RODOLFO
L'hai vista? Oh, guarda!

592. ¿La has visto? ¡Deveras!

MARCELLO
Era in carrozza vestita come una regina.

593. En una carroza vestida como una reina.

RODOLFO
Evviva! Ne son contento.

594. ¡Que bueno! Estoy contento.

MARCELLO
Bugiardo, si strugge d'amor.

595. Mentiroso, se muere de amor.

RODOLFO
Lavoriam!

(Para si)
596. ¡Trabajemos!

MARCELLO
Lavoriam!

597. ¡Trabajemos!

(Vuelven al trabajo pero pronto avientan pluma y pincel.)

RODOLFO
Che penna infame!

598. ¡Que pena infame!

MARCELLO
Che infame pennello!

599. ¡Que infame pincel!

RODOLFO
O Mimì tu più non torni.
O giorni belli,
piccole mani, odorosi capelli,
collo di neve!
Ah Mimì! Mia breve gioventù!

600. Oh Mimì no regresarás más.
¡Oh bellos días,
pequeñas manos, perfumados cabellos,
cuello de nieve!
¡Ah Mimì! ¡Mi breve juventud!

MARCELLO
Io non so come sia che il
mio pennel lavori ed impasti colori
contro la voglia mia.
Se pingere mi piace.
O cieli o terre.
O inverni o primavere,
egli mi traccia due pupille nere
e una bocca procace,
e n'esce di Musetta e il viso ancor.

601. Yo no se como es que mi pincel
trabaja y empasta los colores
contra mi voluntad.
Pero me gusta pintar.
Oh cielo oh tierra.
Oh invierno oh primavera,
me recuerdan dos ojos negros
y una boca provocativa,
y veo el rostro de Musetta.

RODOLFO
E tu, cuffietta lieve,
che sotto il guancial partendo ascose,
tutta sai la nostra felicità,
vien sul mio cuor.
Sul mio cuor morto,
poich'è morto amor.

602. Y tu bonete rosa,
que escondió bajo la almohada,
cuando partió y se llevo la felicidad nuestra,
ven a mi corazón.
A mi corazón muerto,
que está muerto de amor.

MARCELLO
E n'esce di Musetta
il viso tutto vezzi e tutto frode.
Musetta intanto gode
e il mio cuor vil la chiama
e aspetta il vil mio cuor...

603.   Veo al rostro de Musetta
tan hermoso y tan falso.
Musetta mientras tanto goza
y mi cobarde corazón
la llama y la espera...

RODOLFO
Che ora sia?

604.   ¿Que hora es?

MARCELLO
L'ora del pranzo... di ieri...

605.   La hora de comer... de ayer...

RODOLFO
E Schaunard non torna?

606.   ¿Y Schaunard no regresa?

(Schaunard entra y deja en la mesa cuatro panes. Colline con él.)

SCHAUNARD
Eccoci.

607.   Aquí estamos.

RODOLFO
Ebben?

608.   ¿Y entonces?

MARCELLO
Del pan?

609.   ¿Solo pan?

COLLINE
È un piatto degno di Demostene:
un ãringa...

610.   Es un plato digno de Demóstenes:
un arenque...

SCHAUNARD
... Salata.

611.   Salado.

COLLINE
Il pranzo è in tavola.

612.   La comida está en la mesa.
(Se sientan)

MARCELLO
Questa è cuccagna
da Berlingaccio.

613.   Esto es como un dia de fiesta
en Berlingaccio.

(Pone la botella de agua en el sombrero de Colline.)

SCHAUNARD
Or lo sciampagna mettiamo in ghiaccio.

614.   Pongamos el champaña en hielo.

RODOLFO
Scelga, o barone: trota o salmone?

615. ¿Que escoge, Baron: salmon o trucha?

MARCELLO
Duca, una lingua di pappagallo?

616. ¿Duque, que la parece lengua de papagayo?

SCHAUNARD
Grazie, m'impingua.
Stasera ho un ballo.

617. Gracias, me hace engordar.
Esta noche tengo un baile.

RODOLFO
Già sazio?

618. ¿Satisfecho?

COLLINE
Ho fretta... Il Re m'aspetta.

619. Tengo prisa... El Rey me espera.

MARCELLO
C'è qualche trama?

620. ¿Existe algún complot?

RODOLFO
Qualche mister?

621. ¿Algún misterio?

COLLINE
Il Re mi chiama al Minister.

622. El Rey me quiero como su ministro.

RODOLFO, SCHAUNARD, MARCELLO
Bene!

623. ¡Este bien!

COLLINE
Però... vedrò... Guizot!

624. ¡Entonces veré a Guizot!

SCHAUNARD
Porgimi il nappo.

625. Pásame la copa.

MARCELLO
Sì, bevi, io pappo.

626. Si bebe, yo como.

SCHAUNARD
Mi sia permesso al nobile consesso.

627. Con el permiso de tan noble compañía.

RODOLFO y COLLINE
Basta!

628. ¡Basta!

MARCELLO
Fiacco?

629. ¿Flaqueas?

COLLINE
Che decotto.

630. Que imaginación.

MARCELLO
Leva il tacco!

631. ¡Vete de aquí!

COLLINE
Dammi il gotto.

632. Dame la copa.

SCHAUNARD
M'ispira irresistibile
l'estro della romanza.

633. Estoy irresistiblemente inspirado
por la musa de la poesía.

LOS OTROS
No!

634. ¡No!

SCHAUNARD
Azione coreografica allora?...

635. ¿Acción coreográfica ahora?...

LOS OTROS
Sì!...

636. ¡Si!...

SCHAUNARD
La danza con musica vocale!

637. ¡La danza con música vocal!

COLLINE
Si sgombrino le sale... Gavotta.

638. Despejemos la sala... una Gavota.

MARCELLO
Minuetto.

639. Minueto.

RODOLFO
Pavanella.

640. Pavanela.

SCHAUNARD
Fandango.

641. Fandango.

COLLINE
Propongo la quadriglia.

642. Propongo la cuadrilla.

RODOLFO
Mano alle dame!

643. ¡Tome del brazo a su dama!

COLLINE
Io détto!

644. ¡Yo dirijo!

SCHAUNARD
Lallera, lallera, lallera, là!

645. ¡La lera la lera la!

RODOLFO
Vezzosa damigella...

(A Marcello)
646. Adorable damisela...

MARCELLO
Rispetti la modestia. La prego.

647. Por favor respete mi modestia.

COLLINE
Balancez.

648. Balanceaos.

SCHAUNARD
Prima c'è il Rondò.

649. La Ronda es primero.

COLLINE
No, bestia!

650. ¡No, bestia!

SCHAUNARD
Che modi da lacchè!

651. ¡Qué feas maneras!

COLLINE
Se non erro, lei m'oltraggia.
Snudi il ferro.

652. Usted me provoca.
Desenvaine su espada.

SCHAUNARD
Pronti. Assaggia.
Il tuo sangue io voglio ber.

653. Listo.
Quiero beber tu sangre.

(Colline toma las pinzas de la chimenea y Schaunard el atizador.
Inician un juego de esgrima. Los otros cantan.)

COLLINE
Uno di noi qui si sbudella.

654. Uno de nosotros correrá.

SCHAUNARD
Apprestate una barella.

655. Alisten una camilla.

COLLINE
Apprestate un cimiter.

656. Alistan una tumba.

RODOLFO y MARCELLO
Mentre incalza la tenzone,
gira e balza Rigodone.

657. Mientras crece la tensión,
Gira y balsea Rigodón.
(Entra Musetta)

MARCELLO
Musetta!

658. ¡Musetta!

MUSETTA
C'è Mimì!
Che mi segue e che sta male.

659. ¡Aquí está Mimì!
¡Me sigue y está mal!

RODOLFO
Ov'è?

660. ¿En donde está?

MUSETTA
Nel far le scale
più non si resse.

661. En la escalera, no tiene
fuerzas para subir.

*(Rodolfo corre hacia Mimì, la encuentra sentada en el último escalón.
La lleva adentro y la acuesta en la cama...)*

RODOLFO
Ah!

662. ¡Ah!

SCHAUNARD
Noi accostiam quel lettuccio.

663. Acercaremos la cama.

RODOLFO
Là. Da bere.

664. Ten. Bebe.

MIMÌ
Rodolfo!

665. ¡Rodolfo!

RODOLFO
Zitta, riposa.

666. Calla. Descansa.

MIMÌ
O mio Rodolfo!
Mi vuoi qui con te?

667. ¡Oh mi Rodolfo!
¿Me quieres aquí contigo?

RODOLFO
Ah, mia Mimì!
Sempre, sempre!

668. ¡Ah, mi Mimì!
¡Siempre, siempre!

MUSETTA
Intesi dire che Mimì, fuggita
dal Viscontino, era in fin di vita.
Dove stia?
Cerca, cerca... la veggo passar per via
trascinandosi a stento.
Mi dice: Più non reggo...
Muoio! Lo sento...
Voglio morir con lui. Forse m'aspetta.

MARCELLO
Sst!

MIMÌ
Mi sento assai meglio...

MUSETTA
... M'accompagni, Musetta?

MIMÌ
Lascia ch'io guardi intorno.
Ah, come si sta bene qui!
Si rinasce, ancor sento la vita qui...
ancor sento la via qui.
No! tu non mi lasci più!

RODOLFO
Benedetta bocca,
tu ancor mi parli!

MUSETTA
Che ci avete in casa?

MARCELLO
Nulla!

MUSETTA
Non caffè, non vino?

MARCELLO
Nulla! Ah miseria!

SCHAUNARD
Fra mezz'ora è morta!

(En voz baja)

669. Oí que Mimì, dejó al Vizconde
      y que estaba muriéndose.
      ¿En donde está?
      La busco y la veo pasar por la calle
      tambaleándose, sola.
      Me dice: No puedo más siento que muero...
      Quiero morir con él quizás...
      Me está esperando.

670. ¡Sst!

671. Me siento mucho mejor...

672. ... ¿Me acompañas Musetta?

673. Déjame mirar alrededor.
      ¡Que bien se está aquí!
      Me recupero, me recupero...
      de nuevo ciento la vida.
      ¡No, me vuelvas a abandonar!

674. ¡Bendita boca,
      tu me hablas de nuevo!

675. ¿Que tienen en la casa?

676. ¡Nada!

677. ¿Ni café ni vino?

678. ¡Nada! ¡Que miseria!

679. ¡En media hora morirá!

MIMÌ

Ho tanto freddo!...
Se avessi un manicotto!
Queste mie mani riscaldare
non si potranno mai?

680. ¡Tengo tanto frio!...
¡Si tuviera un manguito!
¿Mis manos calentarían?

RODOLFO

Qui nelle mie! Taci!
Il parlar ti stanca.

681. ¡Aquí en las mías! ¡Calla!
El hablar te cansa.

MIMÌ

Ho un pò di tosse!
Ci sono avvezza.
Buon giorno, Marcello, Schaunard,
Colline, buon giorno.
Tutti qui, tutti qui sorridenti a Mimì.

682. ¡Tengo un poco de tos!
Ya estoy acostumbrada.
Buenos dias, Marcello, Schaunard,
Colline, buenos dias.
Todos están aquí Sonriéndole a Mimì.

RODOLFO

Non parlar, non parlar.

683. No hables, no hables.

MIMÌ

Parlo piano, non temere, Marcello,
date retta: è assai buona Musetta.

684. Hablo bajito, no teman, Marcello,
créeme Musetta es muy buena.

MARCELLO

Lo so... lo so...

(Tomando la mano a Musetta.)
685. Lo se... lo se...

MUSETTA

A te, vendi, riporta
qualche cordial, manda un dottore!...

(Da sus aretes a Marcello)
686. ¡Vé a venderlos
y trae un doctor!...

RODOLFO

Riposa.

687. Descansa.

MIMÌ

Tu non mi lasci?

688. ¿No me dejarás?

RODOLFO

No... no...

689. No... no...

MUSETTA

Ascolta!
Forse è l'ultima volta
che ha espresso un desiderio, poveretta!
Pel manicotto io vo. Con te verrò.

¡Escuchen!
¡Quizás es la última vez
que exprese un deseo, pobrecita!
Traeré el manguito. Voy contigo.

(Salen Musetta y Marcello.)

COLLINE

Vecchia zimarra, senti,
io resto al pian, tu ascendere
il sacro monte or devi.
Le mie grazie ricevi.
Mai non curvasti il logoro
dorso ai ricchi ed ai potenti.
Passâr nelle tue tasche
come in antri tranquilli
filosofi e poeti.
Ora che i giorni lieti
fuggîr, ti dico: addio.

(Quitándose el abrigo.)

691. Escucha viejo gabán,
yo me quedo, tú ascenderás
al monte sagrado.
Recibe de mí las gracias.
Nunca inclinaste tu espalda
ante los ricos y poderosos.
Tú tuviste en tus bolsillos
como en refugio tranquillo
a filósofos y poetas.
Ahora que los dias felices
se han ido, te digo: adiós.

(El pone el bulto bajo su brazo y le susurra a Schaunard.)

Schaunard, ognuno per diversa via
mettiamo insiem due atti di pietà.
Io... questo! E tu... Lasciali soli là!...

Vamos por rumbos diferentes
hagamos dos actos piadosos.
¡Yo... esto! Y tu... ¡Déjalos solos!...

SCHAUNARD

Filosofo, ragioni!
È ver!... Vo via!

692. ¡Tienes razón, filósofo!
¡Ya me voy!...
(Salen)

MIMÌ

Sono andati? Fingevo di dormire
perché volli con te sola restare.
Ho tante cose che ti voglio dire,
o una sola, ma grande come il mare,
come il mare profonda ed infinita...
Sei il mio amore e tutta la mia vita!

693. ¿Se fueron? Fingía dormir
porque quería quedarme sola contigo.
Quiero decirte tantas cosas,
o una tan grande como el mar,
profundo e infinito...
¡Eres mi amor y toda mi vida!

RODOLFO

Ah Mimì, mia bella Mimì!

694. ¡Ah Mimì, mi hermosa Mimì!

RODOLFO
Bella come un'aurora.

695. Bella como la aurora.

MIMÌ
Son bella ancora?

696. ¿Aun soy bella?

MIMÌ
Hai sbagliato il raffronto.
Volevi dir:
Bella come un tramonto.
«Mi chiamano Mimì,
il perché non so...».

697. Te has equivocado de imagen.
Debiste decir:
Bella como una puesta de sol.
«Me llaman Mimì,
el porque no lo se...».

RODOLFO
Tornò al nido la rondine e cinguetta.

698. Regresó al nido la golondrina y trina.

(Le muestra el bonete rosa.)

MIMÌ
La mia cuffietta...
Ah! Te lo rammenti?
Quando sono entrata la prima volta, là?

699. Mi bonete...
¡Ah! ¿Te acuerdas?
¿Cuando entré aqui por primera vez?

RODOLFO
Se lo rammento!

700. ¡Si lo recuerdo!

MIMÌ
Il lume si era spento...

701. Se habla apagado la vela...

RODOLFO
Eri tanto turbata!
Poi smarristi la chiave...

702. ¡Estabas tan turbada!
Que después perdiste la llave...

MIMÌ
E a cercarla tastoni ti sei messo.

703. Y te arrodillaste para buscar la.

RODOLFO
...E cerca, cerca...

704. La busqué y la busqué...

MIMÌ
Mio bel signorino,
posso ben dirlo adesso:
lei la trovò assai presto...

705. Mi bello señor,
ahora te lo puedo decir:
la encontraste muy rápido...

GIACOMO PUCCINI

RODOLFO
Aiutavo il destino.

706. El destino me ayudó.

MIMÌ
Era buio,
e il mio rossor non si vedeva....
Che gelida manina...
Se la lasci riscaldar...
Era buio e la man tu mi prendevi...

707. Estaba obscuro, no pudiste ver mi rubor...
No se veía....
Que manita tan fría...
Se la deja calentar...
Estaba obscuro y la mano tu me tomaste...

(Mimì es presa de un acceso de tos.)

RODOLFO
Oh Dio! Mimì!

708. ¡Dios mio! ¡Mimì!

SCHAUNARD
Che avvien?

709. ¿Que pasa?

MIMÌ
Nulla. Sto bene.

710. Nada estoy bien.

RODOLFO
Zitta, per carità!

711. ¡Calla, por caridad!

MIMÌ
Sì, sì, perdona, ora sarò buona.

712. Si, si, perdona, ahora será buena.

(Regresan Marcello y Musetta, luego Colline. Musetta pone una vela sobre la mesa.)

MUSETTA
Dorme?

713. ¿Duerme?

RODOLFO
Riposa.

714. Descansa.

MARCELLO
Ho veduto il dottore!
Verrà, gli ho fatto fretta.
Ecco il cordial.

715. ¡He visto al doctor!
Vendrá, lo apresuré.
Aquí está el cordial.

MIMÌ
Chi parla?

716. ¿Quien habla?

MUSETTA
Io, Musetta.

(Dándole el manguito.)
717. Yo, Musetta.

MIMÌ
Oh, come è bello e morbido!
Non più le mani allividite.
Il tepore le abbellirà...
Sei tu che me lo doni?

MUSETTA
Sì.

MIMÌ
Tu, spensierato!
Grazie. Ma costerà.
Piangi? Sto bene...
Pianger così, perché?
Qui... amor... sempre con te.
Le mani... al caldo... e dormire.

RODOLFO
Che ha detto il medico?

MARCELLO
Verrà.

MUSETTA
Madonna benedetta,
fate la grazia a questa poveretta
che non debba morire.

Qui ci vuole un riparo
perché la fiamma sventola.

Così... E che possa guarire.
Madonna santa,
io sono indegna di perdono.
Mentre invece Mimì è un angelo del cielo.

RODOLFO
Io spero ancora.
Vi pare che sia grave?

MUSETTA
Non credo.

718. ¡Que bello y suave es!
Mis manos ya no se enfriarán.
Su calor se mantendrá...
¿Eres tu quien me lo da?

719. Si.

720. ¡Tu despilfarradora!
Gracias. Pero el costo.
¿Lloras? Estoy bien...
¿Llorar asi, porque?
Aquí... amor... siempre contigo.
Las manos... el calor... dormir.

721. ¿Que ha dicho el médico?

722. Vendrá.

(Rezando)
723. Virgen bendita,
dale tu gracia a esta pobrecita
que no merece morir.
(A Marcello)
Necesito una sombra aquí
porque la llama molesta.

(Marcello pone un libro para tapar la luz.)
Asi... Y que mejore.
Virgen santa,
yo soy indigna de perdón.
Pero Mimì es un ángel del cielo.

724. Aun tengo esperanza.
Te parece que sea grave.

725. No lo creo.

(Schaunard se acerca al lecho.)

SCHAUNARD
Marcello, è spirata...

(A Marcello)
726. Marcello, ha expirado....

COLLINE
Musetta, a voi!
Come va?...

(Entra y le da el dinero a Musetta.)
727. Aquí está Musetta.
¿Como vá?

RODOLFO
Vedi?... È tranquilla.

728. ¿Mírala? está tranquila.

Che vuol dire?
Quell'andare e venire?
Quel guardarmi così?...

(Rodolfo nota la expresión en los demás.)
¿Que les pasa?
¿Porque van y vienen?
¿Porque me miran asi?...

MARCELLO
Coraggio!

729. ¡Valor!

(Rodolfo se abalanza sobre el lecho.)

RODOLFO

730. ¡Mimì!... ¡Mimì!... ¡Mimì!...

Mimì!... Mimì!... Mimì!...

FIN

Biografía de Giacomo Puccini

El matrimonio de Michele Puccini y Albina Magi vivía en la pequeña población de Lucca en el norte de Italia; inicialmente procreó a seis hijas y finalmente el 22 de diciembre de 1858, nace un varón a quien ponen el nombre de Giacomo, como era tradicional en la familia.

Michele el padre, muere a la edad de 51 años, cuando nuestro personaje tenía solo 5 años. La familia tenia una reducida pensión del municipio. Puccini aprende a tocar el órgano y se presenta a tocarlo en las pequeñas comunidades que rodean a Lucca. Puccini compone un motete que es presentado por primera vez en la iglesia de San Paolino en Lucca.

Giacomo viaja a pie a Pisa para presenciar la *Aida* de Verdi y entonces decide dejar la música sacra y dedicarse al arte operístico.

La Reina Margarita de Italia, le concede un subsidio, y gracias a él logra entrar como alumno al Conservatorio de Milán. Durante un tiempo compartió su vivienda con Pietro Mascagni, autor de *Cavalleria Rusticana*.

En 1883, en el Conservatorio de Milán, a manera de graduación se ejecuta con mucho éxito su "Capriccio Sinfonico." Ahí termina su vida de estudiante. El 31 de Mayo de 1884, presenta muy exitosamente su ópera *Le Villi* en el Teatro dal Verme de Milán.

Durante su romance con una mujer casada de nombre Elvira Gemignani, deve obligado a huir de Lucca, llevando consigo a Fosca la hija de su concubina. En Diciembre de 1886 nace en Monza, Antonio el único hijo de ambos.

En 1889 se estrena en La Scala Edgar, la segunda ópera de Puccini que fue Acogida fríamente por la audiencia.

Un resonante éxito lo constituyó el estreno de *Manon Lescaut* el primero de Febrero de 1893, en el Teatro Regio de Turín.

Después de éste triunfo, la Editorial Ricordi adquiere los derechos de sus obras a cambio de una renta vitalicia con lo cual aumentan considerablemente sus ingresos y es así como logra comprar la casa de la familia en Lucca que había sido vendida después del deceso se su madre.

Las 9 operas que siguieron a las ya mencionadas fueron en general muy bien recibidas por el público, de Europa y América y la fama del compositor creció enormemente.

El 25 de Enero de 1903 sufre un grave accidente automovilístico que le fractura una de las piernas y le impide trabajar en la composición operística durante un largo tiempo. Para entonces ya se había mudado a su nueva y elegante casa en Torre del Lago.

Puccini contrae matrimonio con Elvira el 3 de Enero de 1904.

En 1908, la vida de Puccini se vé alterada por el suicidio de Doria Manfredi impulsada por los irracionales celos de Elvira. La joven Doria, estuvo a cargo de los cuidados para el compositor, durante su larga convalecencia. Con éste episodio la relación de Puccini y Elvira sufre una ruptura irreparable.

En 1912 Puccini comienza una relación amorosa con la baronesa alemana Josephine von Stängel.

Para 1924 la salud de Puccini se encuentra muy deteriorada debido al cáncer de garganta que padece y el 4 de Noviembre se dirige a Bruselas Bélgica en donde será sometido como último recurso a una cirugía. La operación no tiene éxito y el compositor fallece el 29 de Noviembre de 1924 a las 11;30 de la mañana.

El 1 de Diciembre hubo un impresionante cortejo fúnebre en Milán y ceremonias póstumas el día 3 de Diciembre. Su inhumación transitoria fue en la bóveda de la familia Toscanini.

Operas de Puccini

Le Villi	*Edgar*	*Manon Lescaut*	*La Bohemia*
Tosca	*Madama Butterfly*	*La Rondine*	*La Fanciulla del West*
Il Tabarro	*Suor Angelica*	*Gianni Schichi*	*Turandot*

Acerca de Estas Traducciones

El Dr. Eduardo Enrique Prado Alcalá nació en 1937 en el norte de México, estudió la carrera de medicina y se especializó en cáncer ginecológico y cáncer de mama.

Ejerció su carrera durante 40 años y finalmente llegó a la edad del retiro.

Desde la edad de 42 años, se hizo aficionado a la ópera y a la música clásica y formó parte de un grupo de amigos aficionados a estas disciplinas. Tuvo la oportunidad de asistir a funciones operísticas en la Ciudad de México, en Guadalajara México, en Toluca México, en Mazatlán México, en Seattle, en Madrid y en Londres. Organizó en la Ciudad de Mazatlán tres conciertos de música clásica, uno de ellos en la catedral.

Jugum Press y Traducciones de Ópera

Prensa publica estas traducciones de ópera por Dr. E.Enrique Prado:

Vincenzo Bellini:
Norma

Georges Bizet:
Carmen

Gaetano Donizetti:
Anna Bolena, Don Pasquale, Lucia di Lammermoor, Lucrezia Borgia

Ruggero Leoncavallo:
I Pagliacci

Pietro Mascagni:
Cavalleria Rusticana

Wolfgang Amadeus Mozart:
Die Zauberflöte, Don Giovanni, Le Nozze di Figaro

Giacomo Puccini:
*La Boheme, La Fanciulla del West, Madama Butterfly, Manon Lescaut, Tosca
El Tríptico: Gianni Schicchi, Suor Angelica, Il Tabarro*

Giacchino Rossini:
Il Barbiere Di Siviglia, La Cenerentola

Giuseppe Verdi:
Aida, Un Ballo in Maschera, Don Carlo, Ernani, Falstaff, La Forza del Destino, I Lombardi, Macbeth, Nabucco, Otello, Rigoletto, Simon Boccanegra, La Traviata, Il Trovatore

Para información y disponibilidad, por favor vea
www.operaenespanol.com
Correo: JugumPress@outlook.com
Síganos en Twitter: @jugumpress
Regístrate para nuestras noticias: http://eepurl.com/5m7tj

www.ingramcontent.com/pod-product-compliance
Lightning Source LLC
Chambersburg PA
CBHW081258040426
42452CB00014B/2563